どよくわかる素人が

専門知識は不要!
相続入門の決定版!!

相続の本

相続専門の税理士事務所
税理士法人チェスター 著

SHOEISHA

相続で揉めやすいのはこんな人

1つでも当てはまる人は要注意!事前に対策を講じましょう

トラブルの元は人間関係

相続でトラブルが発生する事例について具体例を用いて紹介します。結局のところは「人間関係」に行き着いてしまいます。しかし、事前に対策を講じることでトラブルを避けることも可能な場合がほとんどです。

ここでは「相続で揉めやすい人」をいくつかのケースに分けて紹介していきます。あてはまる部分があれば、将来、「争族」にならないよう具体的な対策を実行しましょう。相続においては、自分の家族に限ってまさかの油断は禁物です。

ケース1 子供達の仲が悪い

特に相続人と一緒に暮らしていた長男やその妻と他の兄弟姉妹との関係がよくない場合、相続争いが起きる可能性が高くなります。遺産分割協議が長引き、相続人間の関係がさらに悪化することもよくあります。

例えば、長男と同居し介護等で面倒を看てもらっていた場合に、全く親の面倒を看ずに親不孝をしていた二男が、親の相続発生時に長男と同じ法定相続分を主張することで揉め事に発展してしまう可能性があります。

親の面倒を看ていた長男としては、二男と同じ法定相続分で財産を相続することに納得がいかないことが通常であり、たとえ子供たちの仲が親の存命中は悪くない状態であったとしても、相続発生を機に問題が顕在化してしまい骨肉の争いになってしまうのです。親としては世話になった子供のために、財産の遺し方について一定の配慮や準備をする必要があります。

ケース2 子供がいないので妻に全財産を相続させたい

子供がいない夫婦の場合、どちらかが死亡すると、被相続人の両親、両親が亡くなっている場合は被相続人の兄弟姉妹が法定相続人になります。そのため残された配偶者はいずれかと遺産分割協議を行うことになり夫婦で築いた財産を被相続人の両親はまだしも、兄弟姉妹にも配分しなければならない事態にもなりかねません。

また実際の相続の場面を想定してみると、妻が夫の親族とテーブルにつき、遺産分割協議を行うことには相当な気を遣うことになり大変でしょう。

ケース3 未成年の子が相続人にいる

未成年者は法定代理人（親権者）がいない状態では遺産分割協議に参加することができません。通常は両親が親権者になりますが、未成年者と親権者がともに相続人になる場合などは利益相反関係になるので、親権者が子供の代理人になることはできません。

また相続税が発生する場合、親が財産を多く相続した方が税金上有利になるにも関わらず、子が未成年であるがゆえに、一定の財産を子が相続しなければならないことがあり、税務上不利になってしまう可能性もあります。

ケース4 相続人が多く話がまとまらない

　代襲相続（被相続人が死亡するより前に相続人が死亡していた場合、その相続人の子や孫が相続人になること）が発生し相続人が多くなると全員で話し合いの機会を設けることが難しく、遺産分割協議が困難になります。

　相続人が多いケースでは、子供が複数いる場合、被相続人が養子縁組を結んでいた場合などが想定されます。また、相続人の居住地が離れていたり疎遠であったりすると遺産分割の話し合いが困難になり相続人に負担がかかることになります。

　遺産分割協議がまとまるためには、法定相続人全員の同意が必要となるため、誰か一人でも遺産分割方針に反対する相続人がいる場合には、遺産分割協議が成立しません。法定相続人が大勢いる場合には、全員の賛成を得ることが容易ではなく、遺産分割協議が難しくなると想定しなければなりません。

ケース5 長男の嫁や孫にも相続させたい

　嫁や孫は相続人ではありません（代襲相続は除く）。したがって相続財産を受け取ることができません。たとえ、どれだけ献身的に介護を行っても、法定相続人ではないのです。かわいい孫であっても、同様に法定相続人ではないために、遺言がなけ

れば遺産を受け取ることができません。法定相続人以外の人へ財産を相続させたい場合には、事前の準備が必須となります。

ケース6 相続させたくない相続人がいる

親子の縁を切りたいほど疎ましい子に対しても、遺言がなければ法定相続分の遺産を受け取る権利はあります。仮に遺言をしても、遺留分減殺請求権（遺留分＝最低限相続できる分を侵害された限度で、贈与または遺贈の効力を失わせることができる権利）を行使されれば遺留分は取り返されます。もっとも、廃除という方法により相続人でなくしてしまうことは可能です。

ケース7 相続人が一人もいない

亡くなった人の戸籍を調べると、相続放棄や相続欠格、未婚等により、法定相続人が1人もいないケースが出てきます。このような場合には、家庭裁判所が特別縁故者に対して相続税財産の分配を指示します。例えば内縁関係にあった妻がいた場合であっても、内縁の妻は法定相続人ではないため家庭裁判所への届出を行い、被相続人の療養看護に努めたこと等をきちんと証明しなければ財産の分配を受けることができません。このため戸籍上の法定相続人がいない人は、亡くなった後の自己の財産の行方をしっかりと確定しておくことが望まれます。

よく起きる相続トラブルトップ3

近年急増中の「共有不動産をめぐるトラブル」に要注意

相続でトラブルが発生するケースが非常に増えています。

その内容は大きく分けて3つあります。①「遺産分割の方法について遺族がモメること」②「相続税の納税額が高額であり納税負担に苦しむこと」。これらについては以前から指摘されてきましたが、最近増えているのは③「共有不動産をめぐるトラブル」です。

その1 遺産が少額でも分割方法で揉める

財産が少なくても揉める

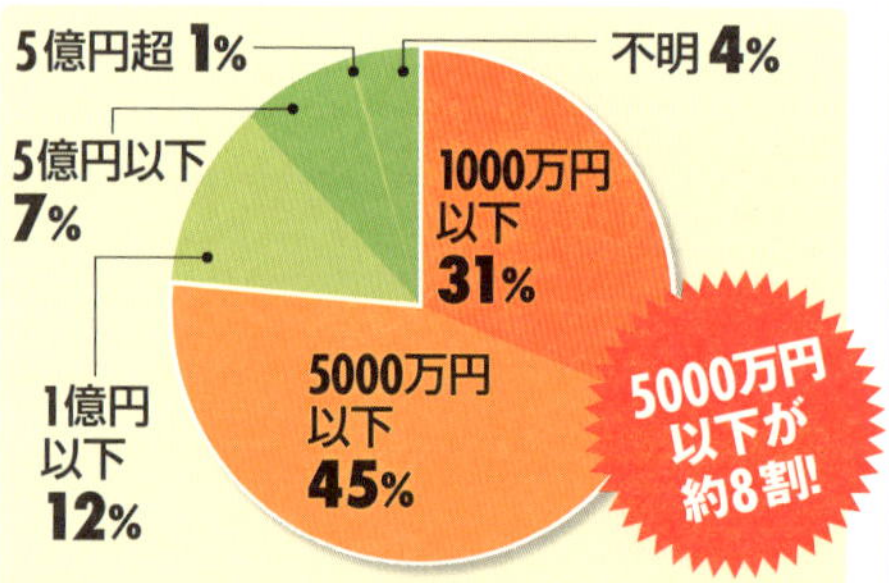

※遺産分割事件件数の遺産価格別割合
出所：司法統計年報（2011年度）

「映画やテレビドラマに出てくるような億万長者や大富豪でもあるまいし、ちっぽけな自宅とわずかな預貯金しかないわが家が遺産分割でモメることなど考えられない」。多くの人はそう信じています。ところが、実際に相続が発生し、お金が絡むと、血の繋がった家族であるからこそ骨肉の争いに発展するケースがたくさんあります。いわば、遺産は「舞い降りてきたカネ」であり、そもそも自分たちのものではありません。

それなのに、1円でも多く取りたくなるのが人の欲なのです。実際に遺産分割でモメている案件を上の図でみると、これまで相続税がかからなかった5000万円以下が約76%を占めています。相続税がかからないということから、相続対策をなおざりにした結果としか思えません。遺産が少ないから、相

相続税の申告と納付は10カ月以内！

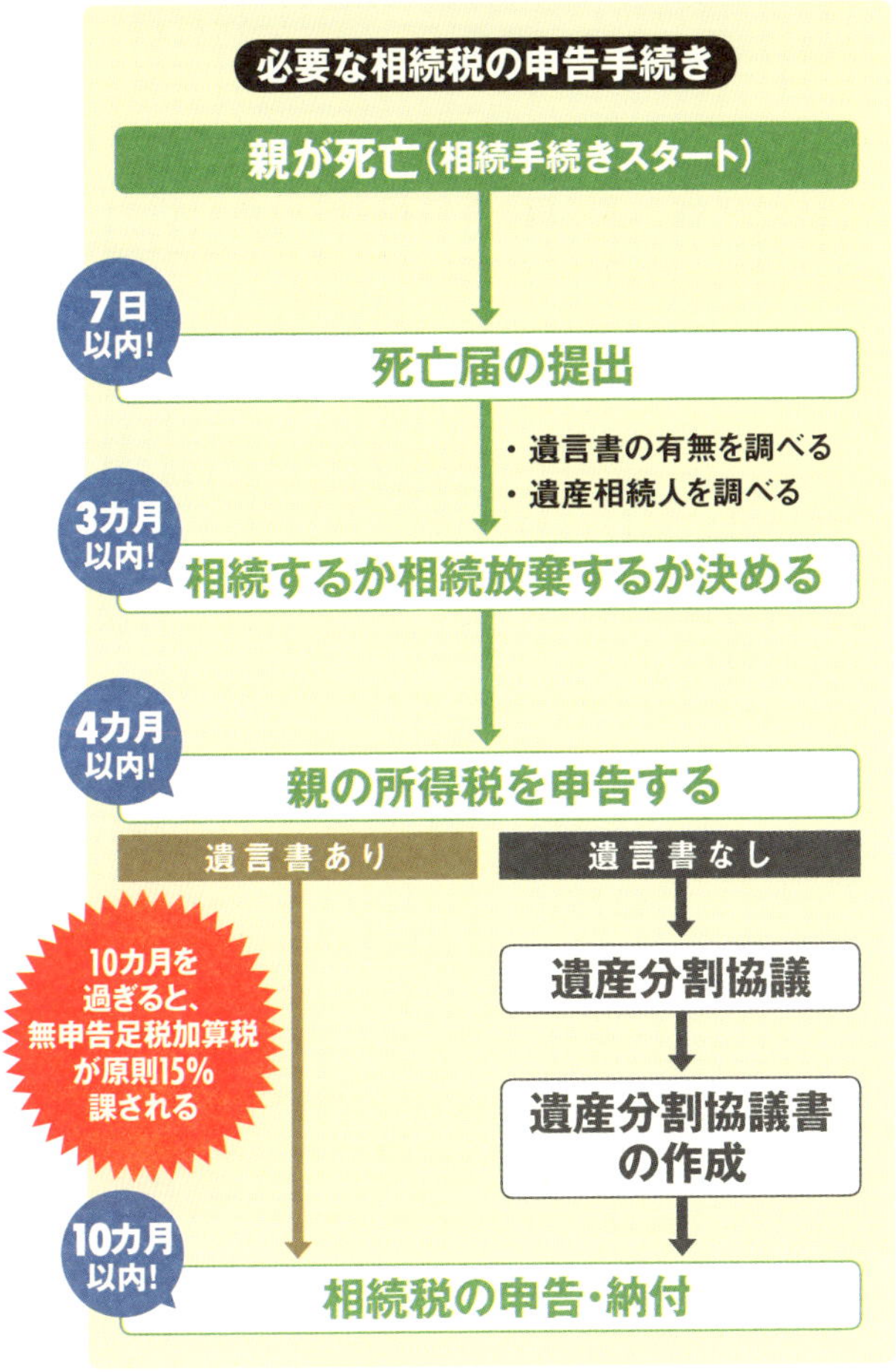

続のトラブルとは無関係だと思っているとんでもないことになってしまいます。本人が亡くなってしまっては死人に口なし。生前から家族と一体となってコミュニケーションを取り合い、誰もが納得いく形で相続していくことが〝争族〟を避ける鉄則です。相続争いはお金持ちだけに発生する他人事と思わないようにしましょう。

その2 相続開始から相続税の申告・納付まで時間が10カ月しかない

実のところ相続は時間との勝負でもあります。なぜなら、相続税の申告と納付にはタイムリミットがあるからです。相続開始から10カ月以内に相続税の申告と納付を行う必要があります。申告が1日でも遅れると無申告加算税等のペナルティが課されます。

相続財産の内訳が現金や預貯金が大半であれば、すぐに納税することも可能でしょう。しかし、大半が不動産であれば、どうでしょう。すぐに買い手を探すことができるでしょうか。ましてや、1円でも高く売りたいからと、長々と価格交渉を行う余裕などあるはずもありません。

相続人が親、兄弟だけならまだしも、顔も知らない親戚など広範囲にわたる可能性もあります。場合によっては、相続人が海外在住ということもあります。10カ月のタイムリミットは長いようであっという間です。

相続税の負担が大きいケースでは、財産の半分以上が相続税でなくなってしまうこともあります。10カ月の申告期限に間に合わないと、後で税務署からペナルティを課せられることもあるため、注意が必要です。

その3 不動産しか財産がないので分割ができない

そして、最近増加しているのが、共有不動産をめぐるトラブルです。

例えば、母はすでに亡くなっていて、父親の遺産を2人で分けることになった兄弟。困ったことに父の財産は相続評価額3000万円の土地付きの自宅と500万円の預金のみ。相続税の支払いは必要ないものの、2人で単純に1700万円ずつ遺産を分割することは事実上不可能です。父と同居していた長男はいきなり自宅を二男と半分にしろと言われても、すでに妻や子供と一緒にそこで暮らしているので大変です。

さらにこれを複雑にしたのが土地の評価。相続税の算定根拠となる路線価による不動産評価は3000万円でしたが二男が不動産屋で調べた実勢価格は5000万円。時価は5000万円だから2700万円を貰う権利があると言い出す始末です。

このように、相続税は単にお金だけの問題ではなく、身内がお互いに争い合う〝争族〟へと発展してしまうことが多々あります。そうならないためにも、相続の問題には、生前から1日も早く向き合うことが必要です。

分けられない財産が一番揉める

仮に遺産分割がまとまらないと、最終的には家庭裁判所での調停や裁判になってしまい、弁護士費用も発生しますし、また長い場合では何年も期間を要してしまうこともあります。一度、相続争いに発展してしまうと、相続人間でのコミュニケーションも取りづらくなってしまいます。ただ多くのケースでは、民法が定める法定相続分が一つの目安となるため、裁判に持ち込まずに当事者の話し合いで解決するケースも多くあります。遺してくれた大切な財産です。できれば円満に相続手続きを終えたいものですね。

相続税対象者が2倍に増加!?

基礎控除が大幅に引下げ

大都市圏では特に注意が必要

相続税が平成25年度の税制改正案の中で大改正されるというニュースが、新聞やメディアを賑わせる日々が続いてます。消費税が10％へと増税されることが決まっている中で、富裕層向けの税金である「相続税」だけを増税しないという選択は、国民感情を考えると政府にはできなかったのかもしれません。

現在、年間で相続税を納めている人は約4％程度という統計となっていますが、相続税の税制改正後はこれまでの2倍以上の人が相続税を納めなければならないとも言われています。特に東京都心部や、大阪、名古屋といった大都市圏では、現在でも20％前後の課税割合ということも珍しくなく、税制改正後は大都市圏に住む多くの人たちに相続税の納税義務が生じるといわれています。これまで以上に、相続税の生前対策を早い時期から行う必要があります。

基礎控除が4割も削減!?

これまで相続税を支払う人の割合が少なかった一番大きな理由が、「基礎控除」があるためです。この基礎控除を超えない限りは、相続税の申告を行う必要がないため多くの人にとって相続税は関係のない税金だったのです。しかし税制改正により、この基礎控除が4割も削減されることになったのです。

例えば財産が8000万円、相続人が妻と子である長男と長女の3人で、長女が相続放棄というケースでは、相続税改正前の相続税額は、合計で0円ですが、税制改正後は相続税が合計で175万円（計算式は62ページ参照）となり税負担が生じます。従来は一戸建てと金融資産というシンプルな財産構成の場合、相続税の基礎控除以下となる人が多かったのですが、税制改正後は基礎控除が大幅に下が

相続税の基礎控除額が引き下げに

税制改正前（平成26年12月31日まで）		税制改正後（平成27年1月1日以降）
5000万円 ＋ 1000万円 × 法定相続人の数	→	3000万円 ＋ 600万円 × 法定相続人の数

相続財産が8000万円で相続人が3人だとすると…

税制改正前の基礎控除額		税制改正後の基礎控除額	
5000万円 ＋ 1000万円 × 3 ＝ 8000万円	相続税ゼロ	3000万円 ＋ 600万円 × 3 ＝ 4800万円	相続税が発生！

ることで、持ち家を所有していれば、一般的なサラリーマン家庭でも相続税を支払うケースが増えることが予想されます。大都市圏では、土地の相続税評価の指標となる「路線価」も上昇基調をみせており、自宅の価値だけでも大きな相続税評価額となるケースもあります。特に財産の中でも不動産が占める割合が高い場合には、相続税の納税資金が不足してしまうこともあるため、事前の準備が大切です。まずは相続税を試算してみて、将来の相続税負担を予測し、納税資金が不足しているのであれば具体的な対策をとりましょう。

相続財産が300万円でも揉める!?

相続に金額の大小は関係ない

少しでも財産が残ると揉め事の種になる

「わが家は相続税を支払う心配もないから、相続でモメるなんて考えられないよ」――。確かに、遺産が相続税の基礎控除内におさまれば、相続税を払う心配はありません。しかし、わずかな遺産をめぐり骨肉の争いに発展することもあります。

遺産300万円が揉め事が起きるかどうかの境界線となることが多いのです。葬儀や墓の購入等に要する費用が平均で300万円程度かかるからです。

もし、少しでも遺産が残れば、遺産分割協議を行う必要が出てきます。遺産分割協議は全員による話し合いが必要です。分割の割合については全員が納得した上で書類に印鑑を突いて初めて成立することになります。

実はこのハードルがかなり高いのです。1人でも納得しなければ相続の手続きが先に進めなくなります。その間財産は共有財産となり、親の預金を下ろすことも名義変更することさえもできません。わずかばかりの遺産が残った場合の方が感情論に発展することが多いのです。

献身的な介護をしても息子の嫁は遺産が貰えない

このようなケースを想定してみましょう。大病を患った父が5年間の闘病の末亡くなりました。二男の妻は仕事を辞めて介護に専念し、実によく父に尽くしました。二男も家に手すりを付けてバリアフリーにしたりと多大な金銭的負担もしてきました。

そこに、実家を飛び出して東京に住んでいた長男夫婦が現れました。「父の面倒を見てくれてありがとう」と頭を下げたものの、長男の妻である義姉は「お義父さんの遺産は法定相続分の4分の1きっちりといただきますからね」と言い放ちました。

このような場合も、長男夫婦

献身的に世話をしても相続では「第三者」

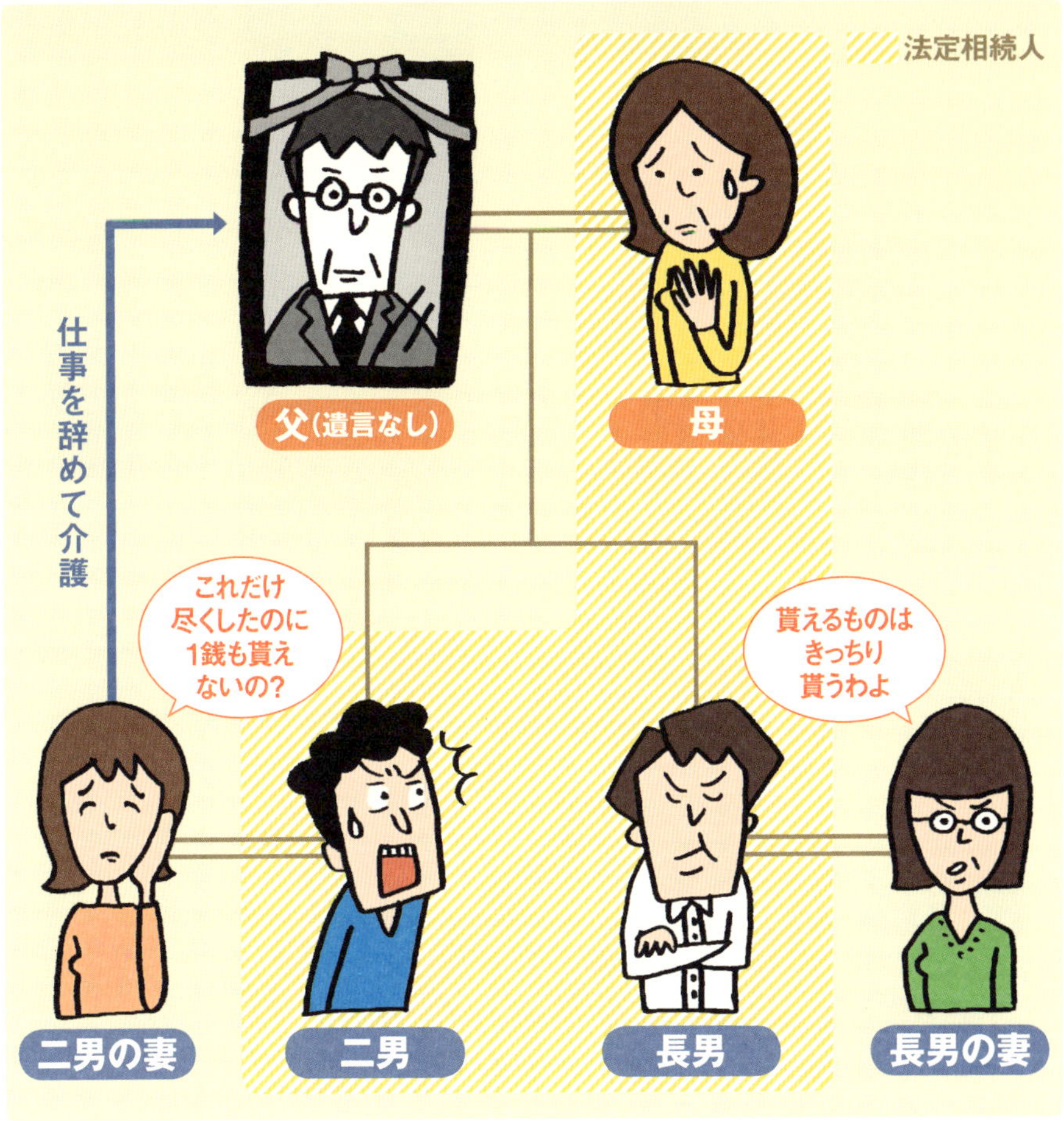

の主張は通ってしまいます。遺言書がなければ遺産の取り分は母親が半分、残りの半分を兄弟で平等に分けることが基本となるからです。

どれだけ献身的に面倒を見たとしても相続の観点からいえば、二男の妻はあくまで「第三者」なので、一銭も財産をもらえないのです。当然長男の妻も遺産は貰えませんが、これでは揉め事が起こるのも当然ですね。

遺された家族が円満、かつスムーズに相続を終えられるよう、十分な準備と家族の話し合いをしておくことが必要なのです。

相続の手続きはこんなに大変!

こんな目にあわないように早めに準備しよう

1 元気だった父がある日突然亡くなった

2 財産を調べるために、家の金庫を開けてみると…

3 銀行の貸金庫に行っても、相続人全員の同意無しでは開けられない

突然亡くなった父 金庫を開けると…

相続の手続きは思った以上にとても煩雑で、手間がかかるものです。本ページの図にあるように、まず、不動産や銀行預金といった相続財産がどのくらいあるのかを確定するだけでも一苦労です。

さらに、戸籍謄本を調べて相続人を確定させ、相続人に連絡をとり、役所まで足を運んで各種書類をそろえ…としている間にあっという間に相続税の申告期限が迫ってきます（相続後に必要な手続きは第1章の84ページを参照ください）。

4 相続人確定のため
戸籍謄本を調べてみると
自分が知らない人が

5 父が所有していた山林の
境界線は不明確

6 各種書類を揃えるために
平日に何度も役所に
足を運ぶ羽目に

7 あっという間に相続税の
申告期限が迫ってきた

contents

巻頭特集

普通の人のための相続入門

基礎編

第1章

最低限知っておきたい！相続の基礎知識

基礎編

第2章

「争族」防止の切り札！遺言書について知ろう

contents

事例編

第5章 押さえておきたい！お得な贈与の基礎知識と裏ワザ

事例編

第6章 大増税時代到来！相続税で得するワザを一挙公開

contents

第1章

最低限知っておきたい！相続の基礎知識

基礎編

01

「法定相続人」の範囲と優先順位

相続人の確定が手続きの第一歩

相続は「被相続人の死亡」をきっかけに始まります。相続手続きでは、そもそも誰が相続人になるかという相続人の確定がはじめの第一歩となります。

誰が**法定相続人**になれるのかについては民法で詳細に規定されています。相続について知ろうとすれば、必ず民法を確認する必要があります。これから、相続について話を進めていきますが、できる限り難しい表現は避け、わかりやすく説明をしていきます。

さて、そもそも相続とは何か。民法では次のように相続を定義しています。相続とは、死者（「被相続人」という）の財産を誰かに帰属させるための制度です。ここにいう死者の財産とは、預金や現金、不動産といったプラスの財産のみならず、借金のようなマイナスの財産も含まれます。

死者の財産は一定の親族関係にあったものに帰属する

では、死者の財産は誰に帰属するかというと、民法は、原則として、被相続人と一定の親族関係にあった者に帰属させることとしています。（「法定相続人」という）。その上で、死

●**法定相続人**
亡くなった人の財産や債務等を相続する権利がある人のこと

1-01 相続手続きの流れ

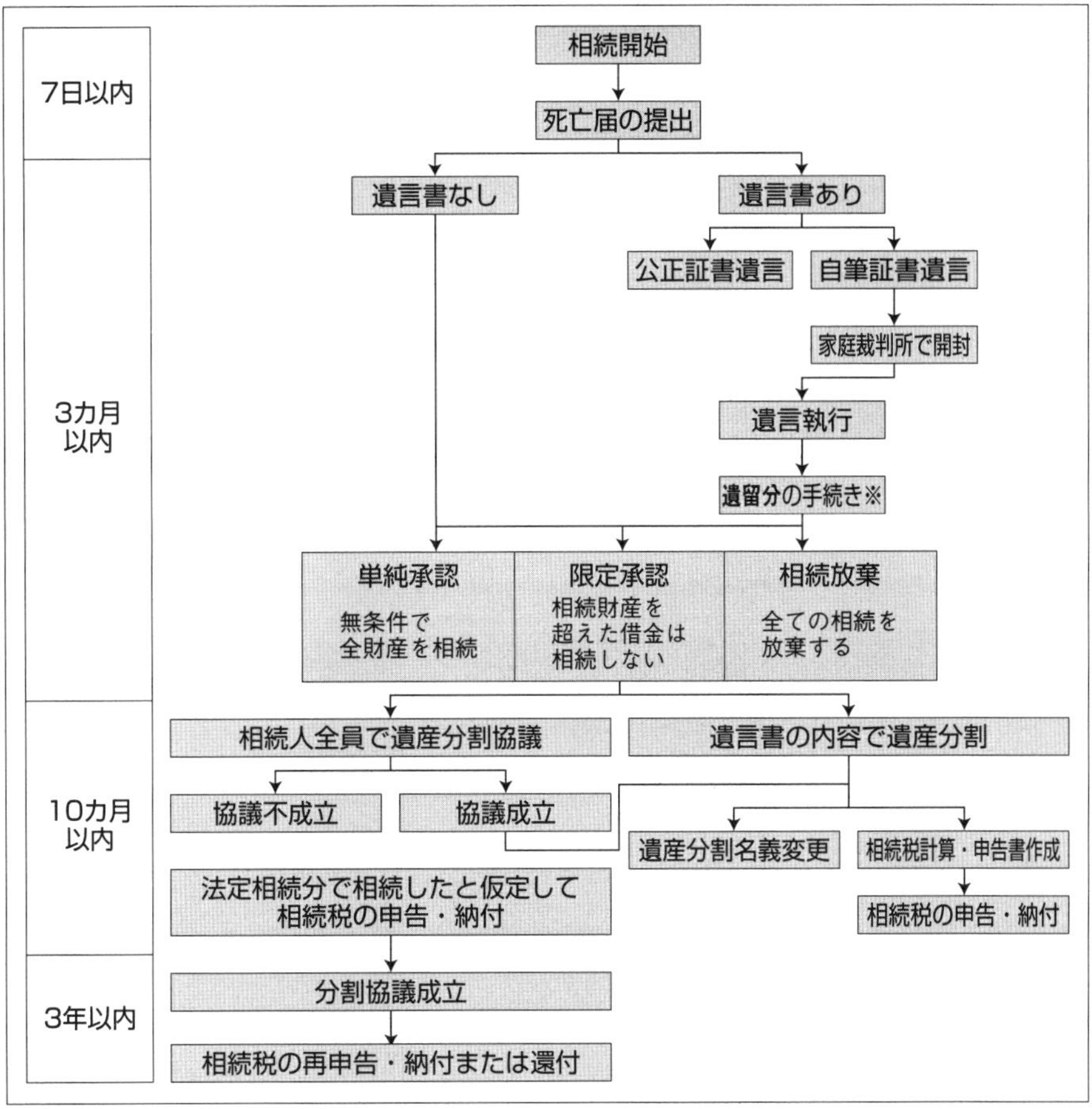

※遺留分が侵害されていることを知ってから1年以内、もしくは、相続開始から10年以内に手続きを済ませる必要がある。

1-02 相続人の優先順位

続柄	順位	
配偶者	常に相続人となる	法的に婚姻している人
子	第一順位	被相続人に子があるときは子と配偶者が相続人に
親	第二順位	被相続人に子がないときは親と配偶者が相続人に
兄弟姉妹	第三順位	被相続人に子と親がないときは兄弟姉妹と配偶者が相続人に

者は自己の意思によって（その意思は遺言という形で表現される）自分の選んだ者（「受遺者《じゅいしゃ》」という）に財産を帰属させることができるとしています。

後の章で遺言については詳しく触れますが、遺言がある場合には、原則として遺言に従って死者の財産の帰属が決定されます。他方、遺言がない場合には、民法の定めるルールによって法定相続人に対する財産の帰属が決定され、これを法定相続といいます。したがって、遺言の有無によって、死者の財産の処理方法は大きく異なるのです。

相続人は民法の定めた順位に従う

そこで、相続手続きのはじめの第一歩は誰が相続人になるかという、相続人の確定ということになります。相続手続きの流れは

①誰が相続人となるかという点を確定する。
②相続の対象となる財産（「相続財産」という）

の範囲を確定する。

③相続人が複数いる場合（「共同相続」といい、この場合の相続人を「共同相続人」という）には、相続人がそれぞれ何をどれだけ相続するかという点を確定する。

こうした手順で進んでいきます。

そして、民法は被相続人と一定の親族関係にあった者を相続人としており、相続人となる順位をつけています。民法の定めた順位に従って、相続人が決定されることになります。

被相続人の子またはその代襲者・再代襲者が第一順位の相続人であり（代襲者・再代襲者の意義については後述）次に、被相続人の直系尊属のうち、親等の近い者が第二順位の相続人とされています。第二順位は、第一順位の相続人すなわち被相続人の子またはその代襲者・再代襲者がいない場合に相続人となるという意味です。直系尊属が健在でない場合には兄弟姉妹またはその代襲者が第三順位の相続人となります。

さらに、民法は、被相続人の配偶者は常に相続人となる、としています。

妻や子が亡くなっている場合の相続の順位

相続人の優先順位は次ページの図のようになります。図中にある①〜⑩の意味するところを補足解説します。図と照らし合わせながら確認してみてください。

①配偶者である母（妻）は常に相続人となる。

②それに加えて子（息子・娘）がいる場合は、「第一順位」の相続人となる。母がすでに亡くなっている場合も同様。

●代襲者・再代襲者
詳細は24ページ参照。

③子がすでに亡くなっている場合は、孫が代わりの相続人（代襲相続人）となる。
④孫がすでに亡くなっていれば、ひ孫にと何代でも代襲できる。
⑤第一順位の相続人が誰もいない場合に限り、祖父母が第二順位の相続人となる。
⑥祖父母が共に亡くなっている場合は、曽祖父母にさかのぼる。
⑦曽祖父母もすでに亡くなっていれば、何代でもさかのぼれる。
⑧第二順位の相続人もいない場合は、おじ・おばといった父の兄弟姉妹が「第三順位」の相続人となる。
⑨おじ・おばがすでに亡くなっている場合は、その子であるいとこが代襲相続人となる。
⑩いとこもすでに亡くなっている場合は、その子は代襲相続人にはなれない。

1-03 父（夫）が亡くなったときの相続人の優先順位

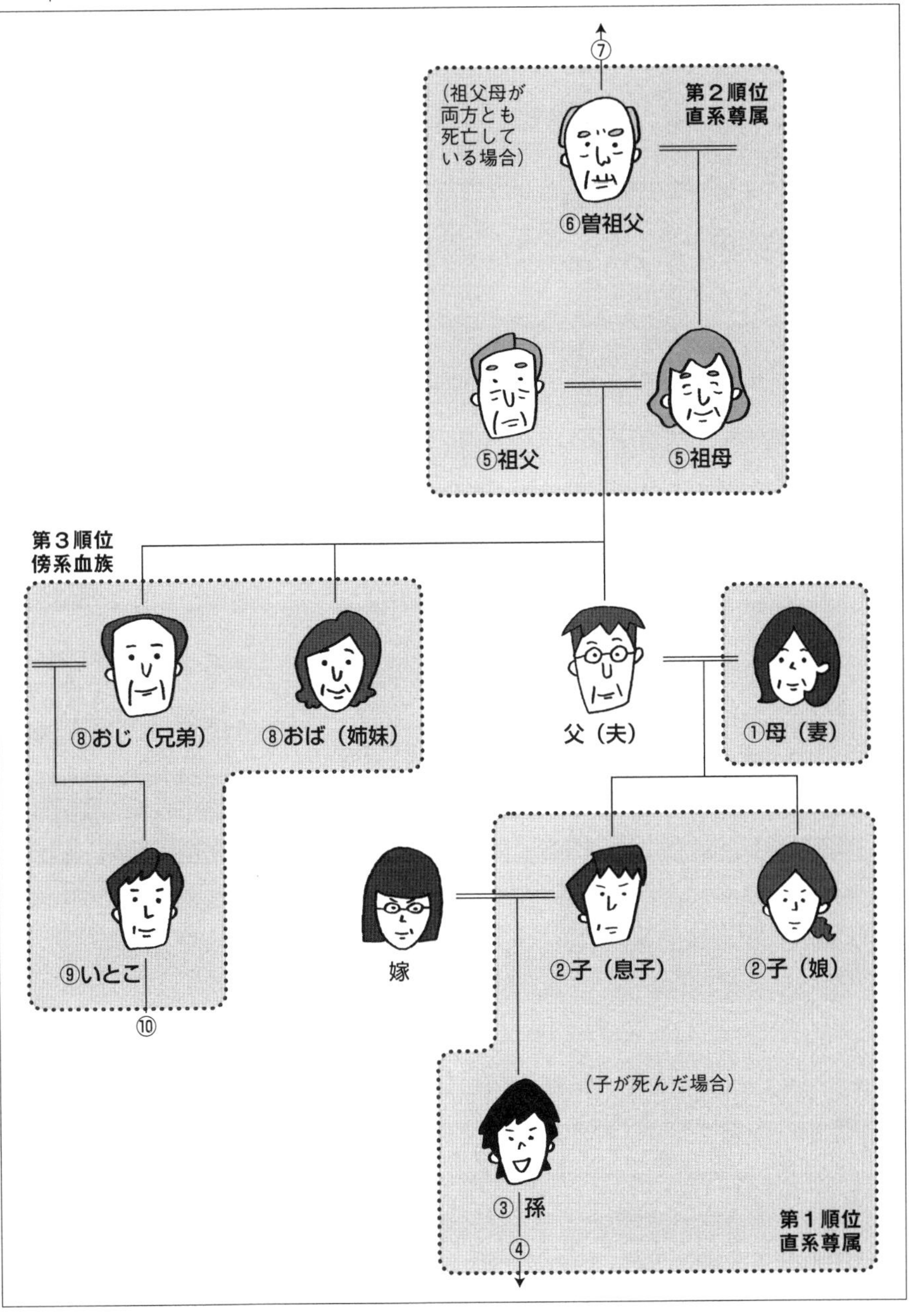

基礎編

02

遺産の取り分を決める「法定相続分」

誰がどの程度貰えるかは民法で決まっている

遺産の配分は民法で決められています。基本的に配偶者が一番多くもらえます。誰がいくら相続する権利があるのか、あらかじめその割合を知っておきましょう。

相続が発生した場合、誰が法定相続人となるのかは前項でお話しました。ここでは誰がどれだけ遺産を相続できるかという割合についてお話しします。これについても、法定相続人同様、民法で定められています。

被相続人が遺言等により相続人間の相続分を指定している場合には、原則として被相続人の指定した相続分に従い相続財産が分配されます（ただし、他の相続人の**遺留分**《いりゅうぶん》を侵害する結果となる場合には、**遺留分減殺請求**の限度において、被相続人の指定した相続分は修正されます）。

被相続人が遺言を作成せず死亡すると？

しかしながら、遺言を作成せずに被相続人が死亡した場合等、相続財産の分配に関する被相続人の意思が明らかとならないときには、民法の基準に従い相続財産の分配を行うこととと

●**遺留分**
遺言によっても侵害することのできない相続人の最低限の権利。故人との関係性によって割合や遺留分の有無が異なる。（詳細は108ページ参照）

●**遺留分減殺請求**
遺留分を侵害している相続人に対して、遺留

なります。その規定が「法定相続分」といわれるものです。
まずは、法定相続分を定める民法900条を抜粋します。
①子および配偶者が相続人であるときは、子の相続分および配偶者の相続分は各2分の1とする。
②配偶者および直系尊属が相続人であるときは、配偶者の相続分は、3分の2とし、直系尊属の相続分は、3分の1とする。
③配偶者および兄弟姉妹が相続人であるときは、配偶者の相続分は、4分の3とし、兄弟姉妹の相続分は、4分の1とする。
④子、直系尊属または兄弟姉妹が数人であるときは、各自の相続分は相等しいものとする。ただし、父母の一方のみを同じくする兄弟姉妹の相続分は、父母の双方を同じくする兄弟試合の相続分の2分の1とする。
これを表にまとめると、次ページの図になります。

直系卑属とは直系の自分よりも後の世代、子供や孫が該当します。法定相続人でいうところの第1順位のグループにあたります。また、直系尊属とは直系の自分よりも前の世代、親や祖父母のことで、同じく第2順位のグループです。

非嫡出子の相続分は？

また、婚姻関係にない男女の間に生まれた子（非嫡出子）はそうでない子（嫡出子）と比べて、法定相続分が従来は半分になっていました。しかし、これについては公平性に欠ける

1-04 法定相続分の一覧

相続順位	法定相続人になる人			決定相続分（該当の相続人が複数いる場合は人数分となる）配偶者	子	直系尊属	兄弟姉妹	フローチャート中の記号
1	子（代襲相続人を含む）がいる場合		配偶者がいる	$\frac{1}{2}$	$\frac{1}{2}$	なし	なし	①
			配偶者がいない		1	なし	なし	②
2	子（代襲相続人を含む）がいない場合		配偶者がいる	$\frac{2}{3}$		$\frac{1}{3}$	なし	③
			配偶者がいない			1	なし	④
3	子と直系尊属がいない場合	配偶者がいる	兄弟姉妹（代襲相続人を含む）がいる	$\frac{3}{4}$			$\frac{1}{4}$	⑤
			兄弟姉妹（代襲相続人を含む）がいない	1				⑥
		配偶者がいない					1	⑦

ということから民法が改正され、嫡出子と非嫡出子の相続分は同等となりました。

父母のどちらかが違う兄弟姉妹の相続分については、父母を同じくする兄弟姉妹の相続分の半分になってしまいます。

次ページのフローチャートで配偶者や子の有無をたどっていけば、①から⑦のどれかに該当します。それが、上の①から⑦に対応するようになっています。

1-05 法定相続人の決定フローチャート

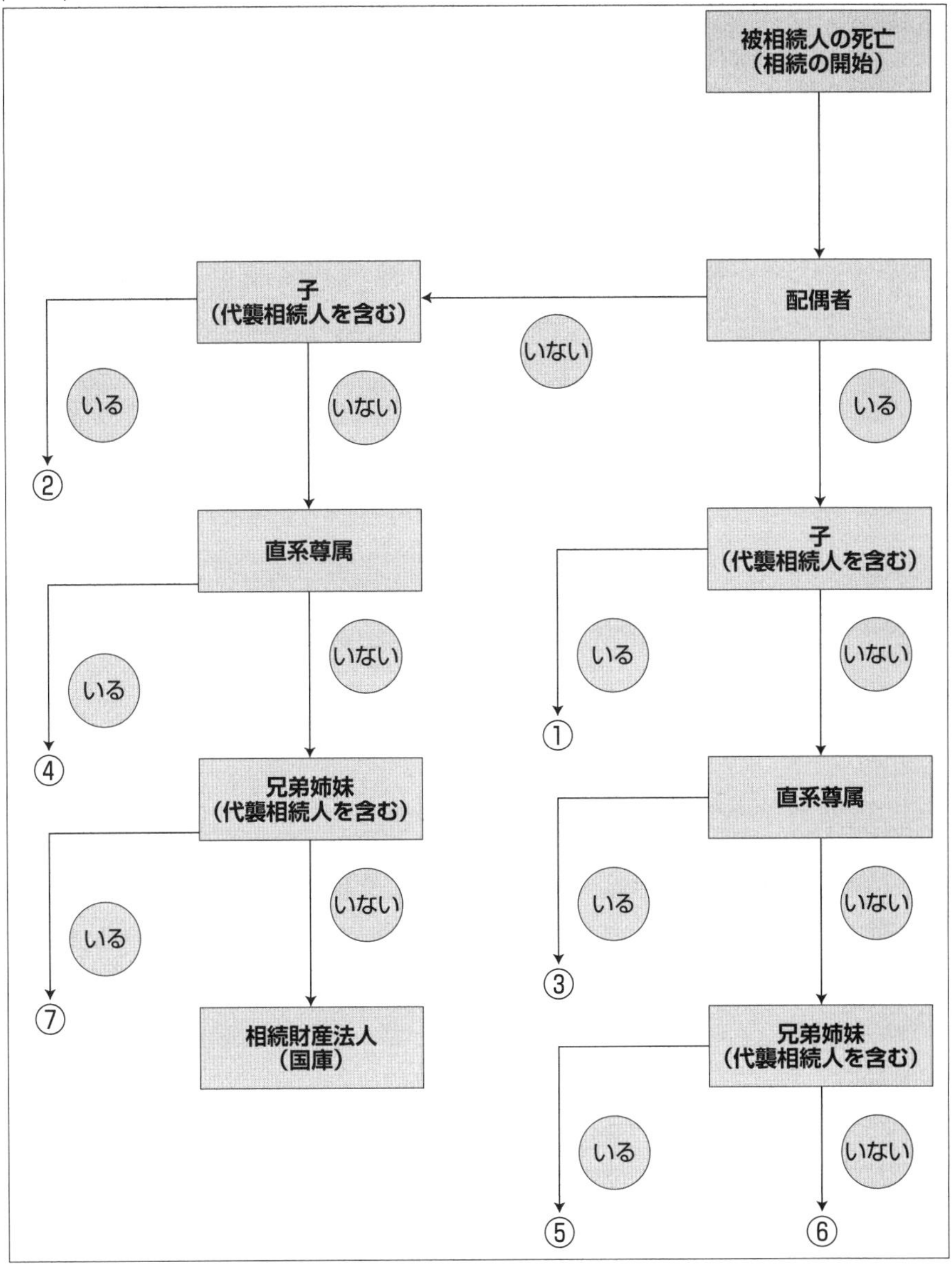

03

基礎編

相続の対象となる財産

プラスの財産だけでなくマイナスの財産も引き継ぐ

相続の対象となる財産はどのようなものがあるか、これを知らないと、返済できない負債まで相続してしまうことにもなりかねません。また、相続の対象とならない財産を知っていれば、これをうまく利用する方法もあります。

民法は、「相続人は、相続開始のときから、被相続人の財産に属した一切の権利義務を承継する」と定めています。すなわち、相続の対象となる財産には、不動産、現金、預貯金、株券などのプラスの財産（積極財産）だけではなく、借入金、住宅ローン、損害賠償義務などのマイナスの財産（消極財産）も含まれることになります。

また、通常の**保証債務**についても相続の対象となります。そのため、相続が生じた際、積極財産より消極財産の額が多い場合もあり得ることとなりますが、その場合でも、原則として、全ての財産（積極財産および消極財産）を受け継ぐことになります。もっとも、このような場合は、積極財産、消極財産のどちらも受け継がない方法（相続放棄）をとることができます。また、積極財産の範囲内で引継ぐという条件付きで相続する限定承認という方法も

●**保証債務**
債務者が債務を履行しない場合に、債務者に代わって債務を履行しなければならない保証人の債務。

1-06 相続財産の対象

種類	内容
不動産	土地や建物
動産	現金、自動車、貴金属、美術品など
債権	借地権、賃借権、貸金債権、電話加入権など
無体財産権	特許権、著作権、商標権、意匠権など
裁判上の地位	裁判上の損害賠償請求権など
債務	借入金、損害賠償債務など

あり、遺産がプラスになるかマイナスになるか不明確であるようなときに用いられます。

「被相続人の一身に専属した財産」とは？

前述のように、相続においては、被相続人が有していた全ての財産を相続することが原則ですが、民法は、「被相続人の一身に専属したものは、この限りではない」と規定し、相続財産の対象外の財産があることを認めています。ここで、何が「被相続人の一身に専属した」財産といえるかが問題となります。その典型例としては、芸術作品を作る債務や雇用契約上の労務提供債務などがあります。例えば、画家が、依頼者から依頼された作品の制作中に死亡した後、その子供が父親（または母親）に代わって作品を制作する債務を負うということは、不合理となるような場合です。

相続財産は正確に把握しよう

ところで、相続財産を正確に把握することは大変重要な意味があります。それは遺産分割にあたって分割方法を決定する前提の数字であるという意味もありますが、税務署へ提出する相続税申告書の正確な数字を算出するという目的もあります。法人税や所得税は、収入から経費を差し引いた利益に、税率を乗じることで税額を求めます。これに対して相続税は、被相続人の遺産である財産の価額(遺産総額)に、税率を乗じることを基本的な計算構造としています。

「遺産総額×税率=相続税」

実際に申告を行う場合の計算構造はもう少し複雑で、第1段階では被相続人の遺産を集計し、「**遺産総額**」を求めます。

次に第2段階で遺産総額から基礎控除額を差し引いて、いったん財産を法定相続分として相続したと仮定して相続税率を適用し「**相続税の総額**」を求めます。

最後に第3段階で相続税の総額を各相続人に配分し、税額控除などを加味して、各相続人の「**納付税額**」を求めることになります。

したがって、相続税額の計算にはどんな財産が相続財産になるのかを正確に把握する必要があるのです。借入金があれば、それは消極財産として他の資産から控除できます。相続税の節税の観点からも、どんな財産が相続の対象になり、それをどのように評価するのかを知ることは大変重要です。

1-07 相続税の計算構造

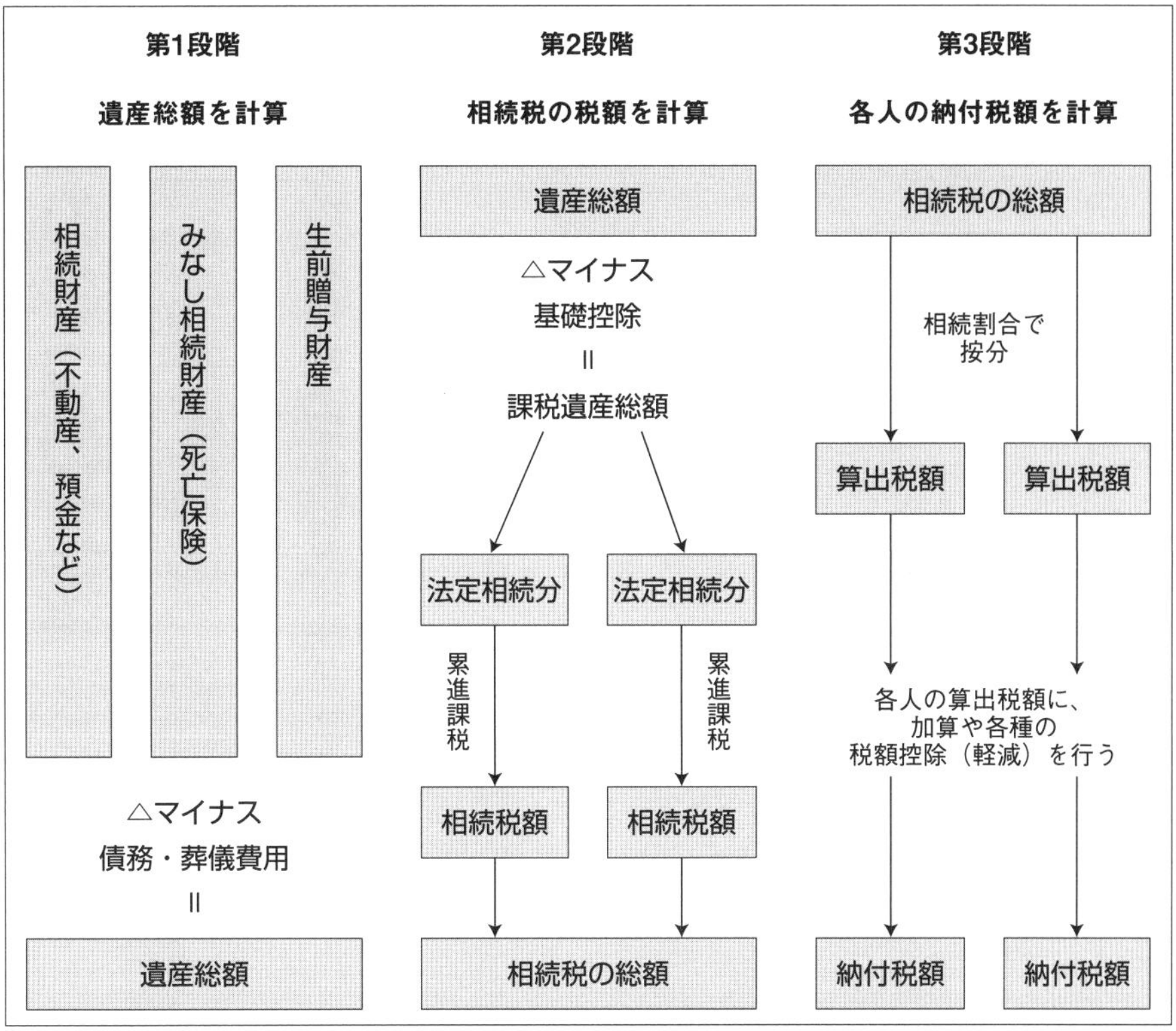
第1段階
遺産総額を計算
相続財産（不動産、預金など）
みなし相続財産（死亡保険）
生前贈与財産
△マイナス
債務・葬儀費用
＝
遺産総額
第2段階
相続税の税額を計算
遺産総額
△マイナス
基礎控除
＝
課税遺産総額
法定相続分
法定相続分
累進課税
累進課税
相続税額
相続税額
相続税の総額
第3段階
各人の納付税額を計算
相続税の総額
相続割合で按分
算出税額
算出税額
各人の算出税額に、加算や各種の税額控除（軽減）を行う
納付税額
納付税額

04

基礎編

相続の3つの方法「単純承認」「限定承認」「相続放棄」

相続財産を精査した上で慎重に決めよう

相続は遺産をもらえるだけではなく、借金も譲り受けることになります。通常の相続は「単純承認」ですが、明らかに負債が大きいなら「相続放棄」を選択できます。

民法は、「相続人は、自己のために相続の開始があったことを知った時から3カ月以内に、相続について、単純もしくは限定の承認または放棄をしなければならない」と規定しています。ここで、相続人に与えられる選択肢は、

ア．単純承認
イ．限定承認
ウ．相続放棄

右の3つということになります。

相続においては、本来被相続人の積極財産（＝資産）および消極財産（＝債務）のすべて

1-08 相続の３つの方法のイメージ

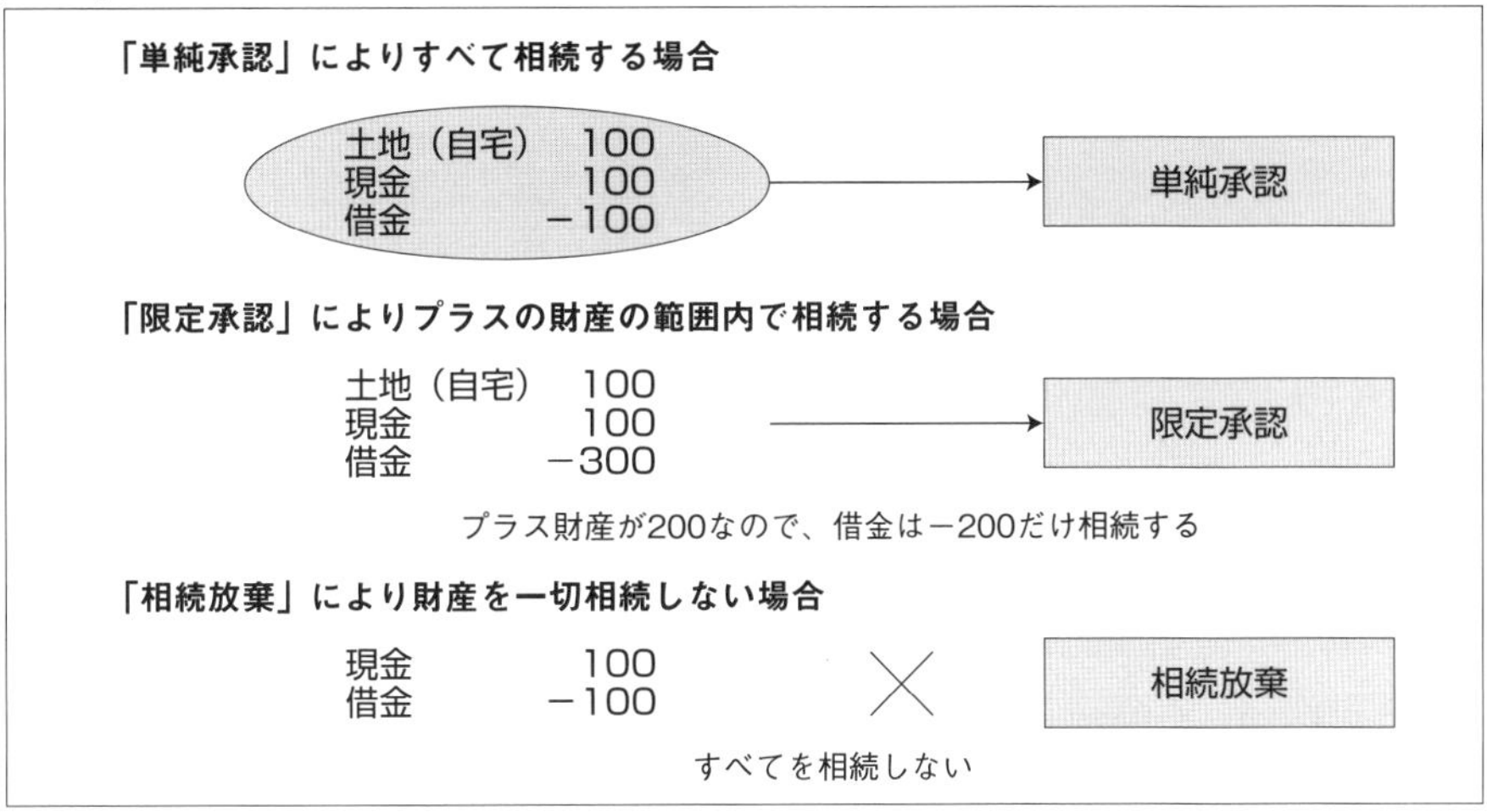

を相続人が相続することになります。これが単純承認です。

一方、限定承認とは、相続財産限りで債務を清算し、なお余剰の資産がある場合に限って相続するということです。

これに対し、相続放棄は文字通り一切の遺産を相続しないということです。

テレビドラマや小説では親が莫大な借金を残して死んでしまったがために……などという涙を誘うような状況設定がしばしば出てきますが、実務上は相続放棄すれば良いのです。

ただし、気をつけなくてはいけません。民法には、相続人が特に単純承認をするという意思表示をしなくても、以下の3つの場合には、単純承認がなされたものとみなす、という規定があります。これを、法定単純承認といいます。

①相続人が相続財産の全部または一部を処分し

た場合

ここでいう処分とは売却や譲渡といったものだけではなく、家屋の取り壊しも含まれます。預金を勝手に引き出して車を買ったなどというのはもちろん、単純承認したものとみなされます。ただし、葬式費用に相続財産を支出した場合など、信義則上やむを得ない処分行為については「処分」にあたらないとする判例があります。

②相続人が熟慮期間内に限定承認も相続放棄もしなかった場合

熟慮期間とは、「自己のために相続の開始があったことを知った時から3カ月以内」と民法は定めています。この期間に相続人が限定承認も相続放棄もしなかった場合には、単純承認があったものとみなされます。

③相続人が、限定承認または相続放棄をした後に、相続財産の全部または一部を隠匿したり、私的にこれを消費したり、悪意でこれを財産目録中に記載しなかった場合

このような行為は、相続債権者等に対する背信的行為といえ、かかる行為をした相続人を保護する必要はないためです。

ところで、限定承認と相続放棄についてもう少し詳しく触れておきます。

「限定承認」ですが、被相続人の残した債務および遺贈を、相続財産の限度で支払うこと

1-09 相続放棄者がいる場合の相続分

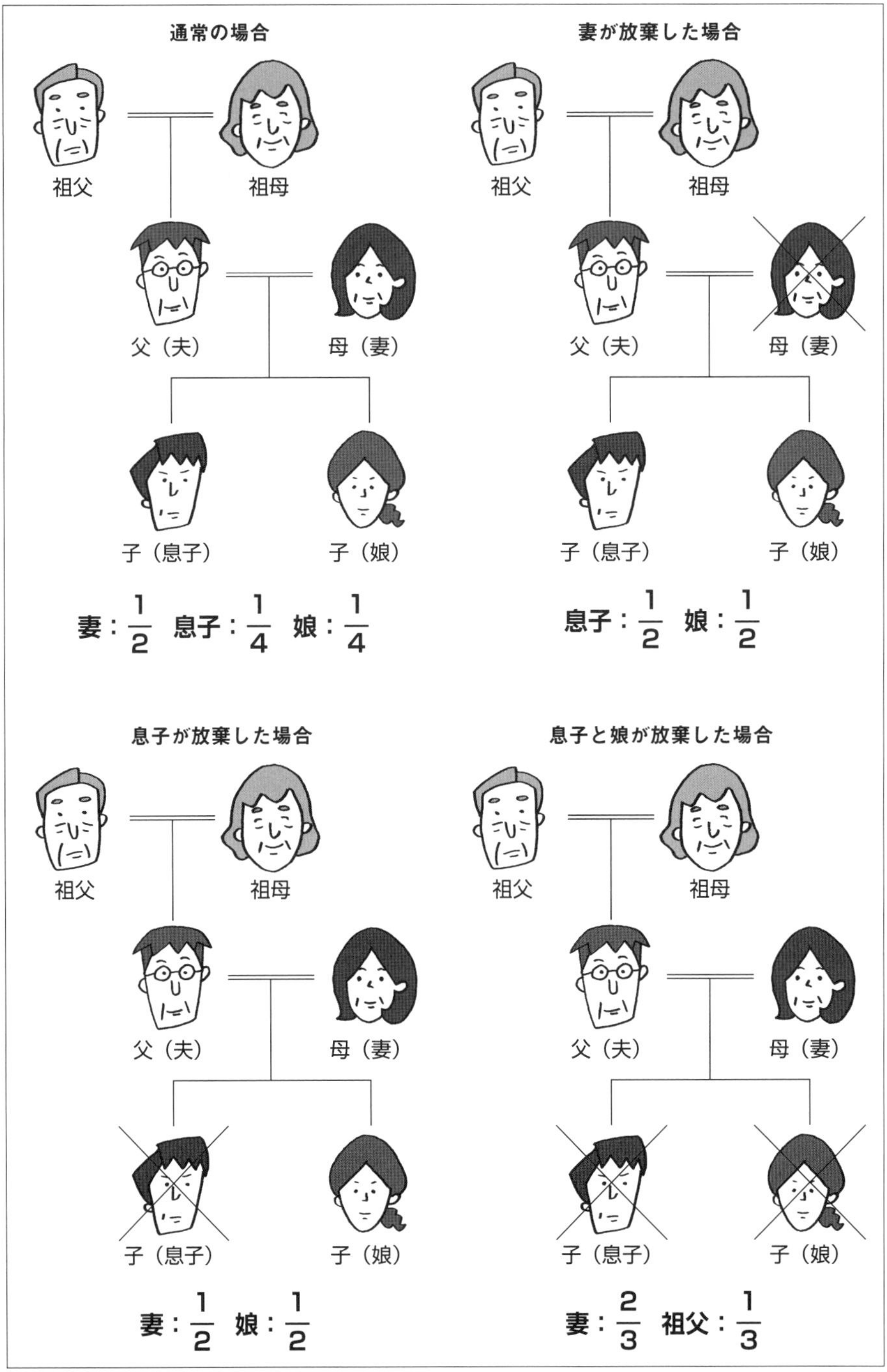

を条件として、相続を承認する相続形態です。仮に、被相続人の債務が、相続により相続人が得る資産、すなわち相続財産を超過することが明らかである場合には、相続人は相続放棄をすることにより、債務負担を免れることができます。しかしながら、被相続人が、資産も相当有するが債務も相当負っており、債務が相続財産を超過するか否かが判然としない場合もあり得ます。このような場合に、被相続人の債務を相続財産の限度で弁済し、債務を完済してなお相続財産が残っている場合には、これを相続人が相続し、相続財産をすべて弁済に充ててなお債務が残っている場合には、相続人は当該債務までは負担しない、ということを可能にしたのが、限定承認という制度です。

限定承認を行う場合の手続きは、熟慮期間内に、被相続人の財産（資産および債務）について財産目録を作成し、これを家庭裁判所に提出して、限定承認をする旨を申し述べる必要があります。さらに、1人の相続人が単独ではできず、相続人全員が同意しなければなりません。このようにいろいろな制約があるため、実際には限定承認はほとんど利用されていません。

相続放棄の場合は財産目録は不要

「相続放棄」とは、熟慮期間内であれば、相続の効力を確定的に消滅させることを目的とした意思表示であり、これにより債務の承継を免れることができます。相続放棄についても条件・期限をつけることはできず、相続財産の一部についての相続放棄も許されません。熟慮期間内に、家庭裁判所に対して放棄の申述をしなければならない点は限定承認と同様ですが、限定承認と異なり、財産目録の作成は不要です。

相続放棄において注意が必要なのは「相続の放棄をした者は、その相続に関しては、初から相続人とならなかったものとみな」される点です。

このように、相続が開始すると、相続人は3つの選択肢のうち、いずれかひとつを選択することになりますが、単純承認以外の方法は、家庭裁判所への申し立ての手続きが必要となるので、注意が必要です。

05

基礎編

「相続放棄」を選択するタイムリミット

相続放棄の意思表示は家庭裁判所に

相続放棄にあたって、もっとも大切なことは、財産の正確な把握です。資産が大きいのか、それとも負債の方が大きいのか。これを正確に把握できなければ、相続放棄するかどうかの判断がつきません。

そして、最も大切なことは、熟慮期間である3カ月以内に家庭裁判所に対し放棄の申述《しんじゅつ》をしなければならないことです。この期間を経過すると、単純承認したものとみなされます。

「法律上の相続放棄」と「事実上の相続放棄」の違い

ところで、実際に相続にかかわってみると、「法律上の相続放棄」と「事実上の相続放棄」を混同されている方が非常にたくさんいます。事実上の相続放棄とは、一般的にある相続人Aが被相続人Bの相続財産について、他の相続人C、Dに対して「自分は、Bの財産はいらないからCとDで分けて」という意思表示をするような場合をいいます。法律上の相続放棄と異なるのは、この場合Aは法的には相続人であって**遺産分割協議**に参加しなければなりません。一方の、法律上の相続放棄の場合には最初から相続人でないことになるので遺産分割

●**一見して借金がない個人事業主の注意点**
住宅ローンの場合は一般的に団体信用生命保険により借り入れは全額返済されますが、一部の事業資金を除き、ほとんどの事業性資金はそのまま相続人に引き継がれます。税金や預り金、社会保険などの支払いが残されていたり、他の会社の連帯保証人になっている場合もあります。

●**遺産分割協議**
相続した財産を誰にどのくらい分けるのか話

1-10 相続放棄と債務の関係

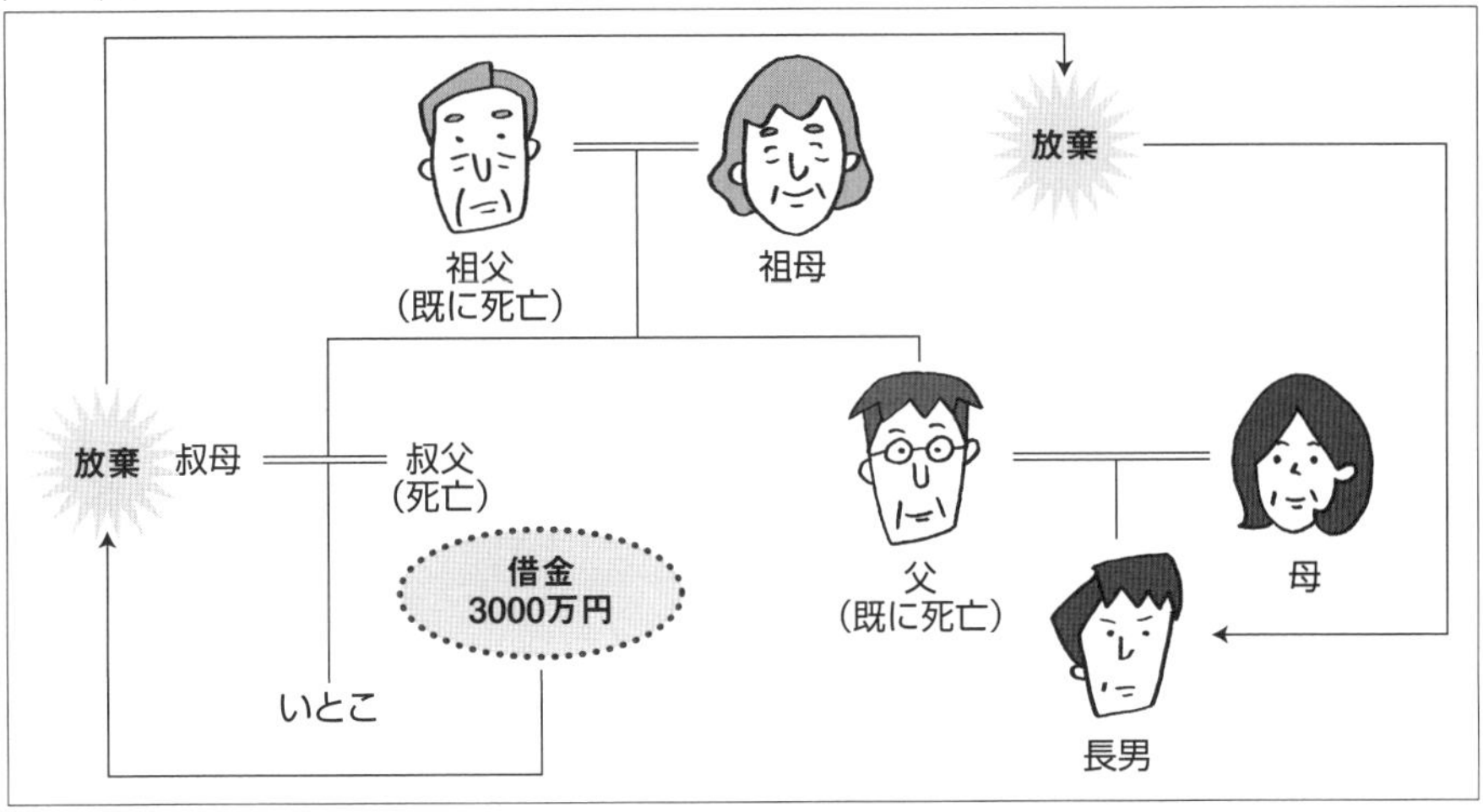

協議に加わることができません。

「相続放棄をした」という場合であっても、それが法律上の相続放棄か単に事実上の相続放棄かで遺産分割協議の当事者が変わってくるのであり注意が必要です。

相続放棄の際は親族への迷惑を考える

相続放棄のちょっと怖いエピソードを紹介しておきます。ある日、銀行から催告書《さいこくしょ》が内容証明郵便で送られてきました。3000万円の融資金を即刻返済しろという内容でした。

銀行に確認すると、叔父の借入金であることが分かりました。事業を営んでいた叔父が亡くなり、その家族は相続放棄を行い、さらに叔父の母、つまり祖母も放棄したというのです。みんなが相続放棄を行ったことで相続の順番が回ってきたことが分かりました。相続放棄を行う際には、他の親族にも迷惑がかかることも考えて決めることが大切です。

し合うこと（詳細は130ページ参照）。

基礎編

06

法定相続人が既に亡くなっていた場合の「代襲」と「再代襲」

事例で「代襲」の概念を理解しよう

子供は第一順位の相続人となりますが、すでに子が死亡している場合には孫が相続人となります。これを代襲《だいしゅう》相続といい、さらに孫も死亡している場合には再代襲《さいだいしゅう》としてひ孫が相続することになります。

被相続人の財産が相続によって相続人に移転するためには、相続開始の時点でその相続人が存在していなければならないという大原則があります。しかし、例外の1つとして代襲相続・再代襲相続があります。

より具体的に、事例を使って、代襲相続について説明を続けましょう。

子が先に死亡している場合の相続人

Aには妻Bとの間に子Cがおり、子Cにはその妻との間の子Dがいた。Aの生存中にCが死亡し、その後Aが死亡した。他方、Aの両親E、Fは健在である。

被相続人Aが死亡したときに、これより前に子Cが死亡していたとすると、Cは相続人となりえません。しかし、A死亡時にCの子Dが存在していればDがAの相続人となることができるのです。これが子の代襲相続であり、この場合のDをCの「代襲者」という。

1-11 孫DはCの代襲者

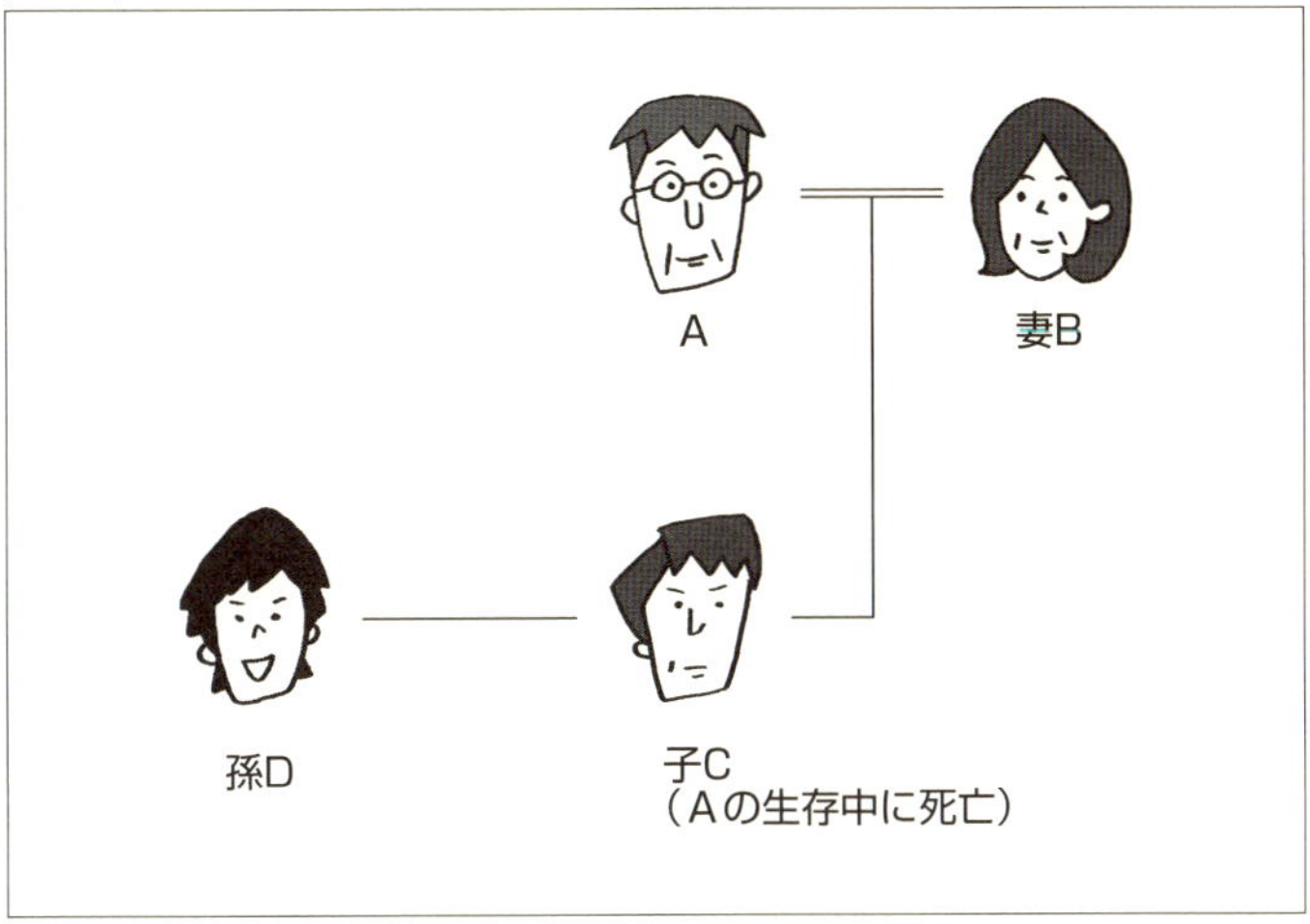

子・孫が先に死亡している場合の相続人

Aには妻Bとの間に子Cがおり、子Cにはその妻との間の子Dがおり、さらにDはその妻との間の子Eがいた。Aの生存中に、C、Dがともに死亡し、その後Aが死亡した。

被相続人死亡時に、これより先に子およびその子が死亡していたが、さらにその子（被相続人のひ孫にあたる）が存在するケースです。この場合、誰がAを相続するのでしょうか。

被相続人Aが死亡したときに、これより先にAの子CおよびCの子Dの双方が死亡していた場合に、Dの子Eが存在していればEがAの相

1-12　ひ孫ＥはＣの再代襲者

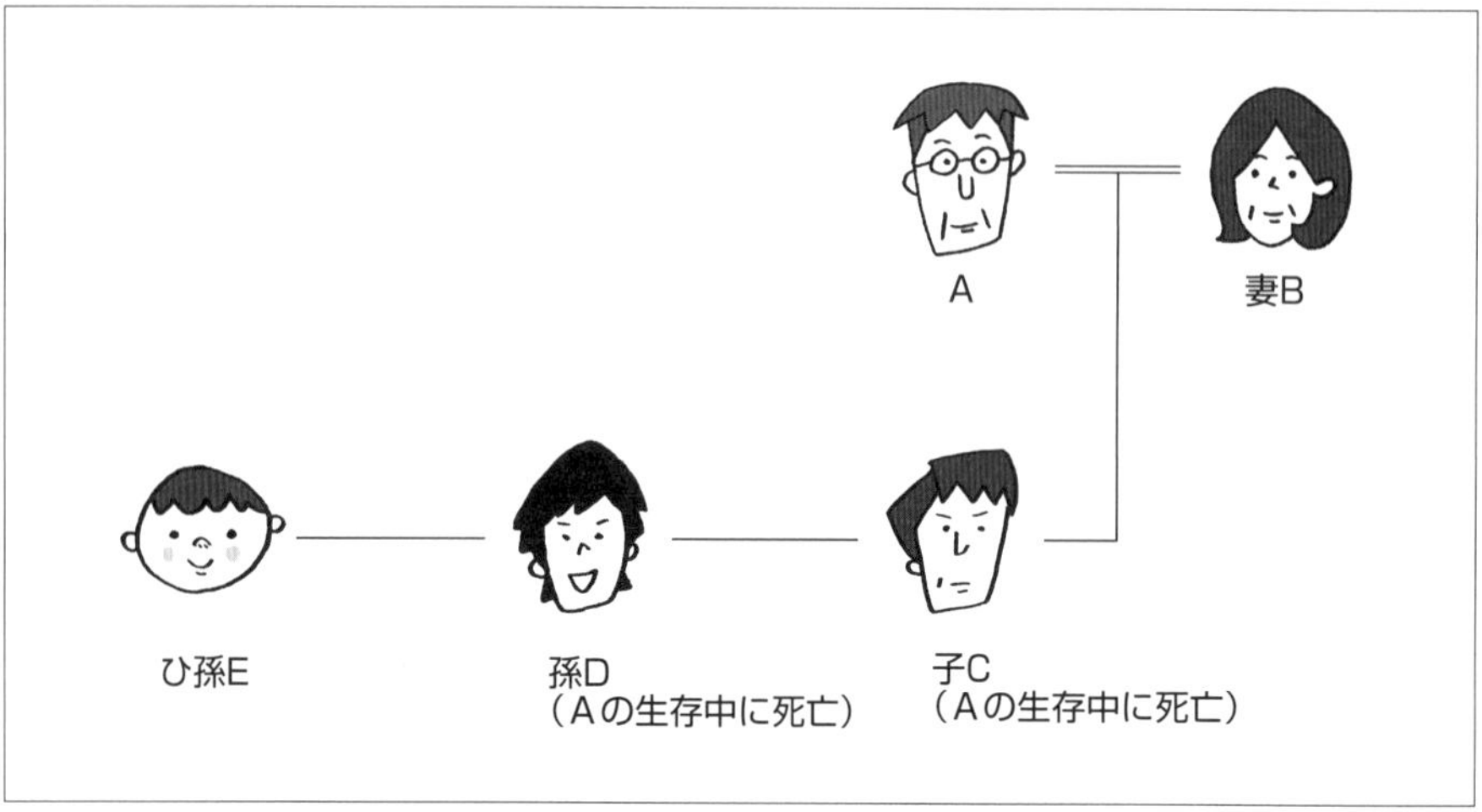

続人となります。

これが子の再代襲相続であり、この場合のＥをＣの「再代襲者」といいます。

兄弟姉妹が先に死亡している場合の相続人

Ａが死亡したが、Ａは生涯独身であって、子がなかった。Ａの死亡時にはＡの直系尊属に健在の者はいなかった。Ａには弟Ｂがおり、Ｂにはその妻との間の子Ｃがいたが、Ａの生存中にＢが死亡し、その後Ａが死亡した。

被相続人死亡時に、これより先に兄弟姉妹が死亡していたがその子が存在するケースです。この場合、誰がＡを相続するのでしょうか。

代襲相続は、兄弟姉妹についても認められます。すなわち、被相続人Ａが死亡したときに、これより先にＡの兄弟姉妹Ｂが死亡していた場

1-13 甥CがAの財産を相続

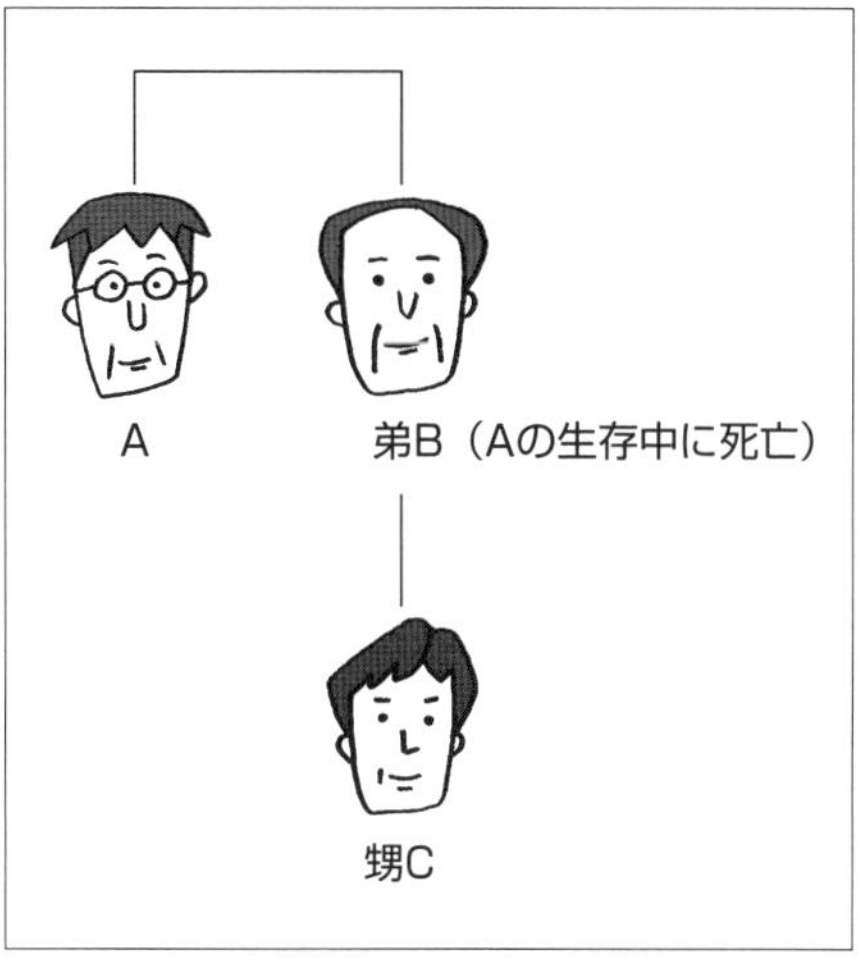

1-14 兄弟姉妹には再代襲は認められない

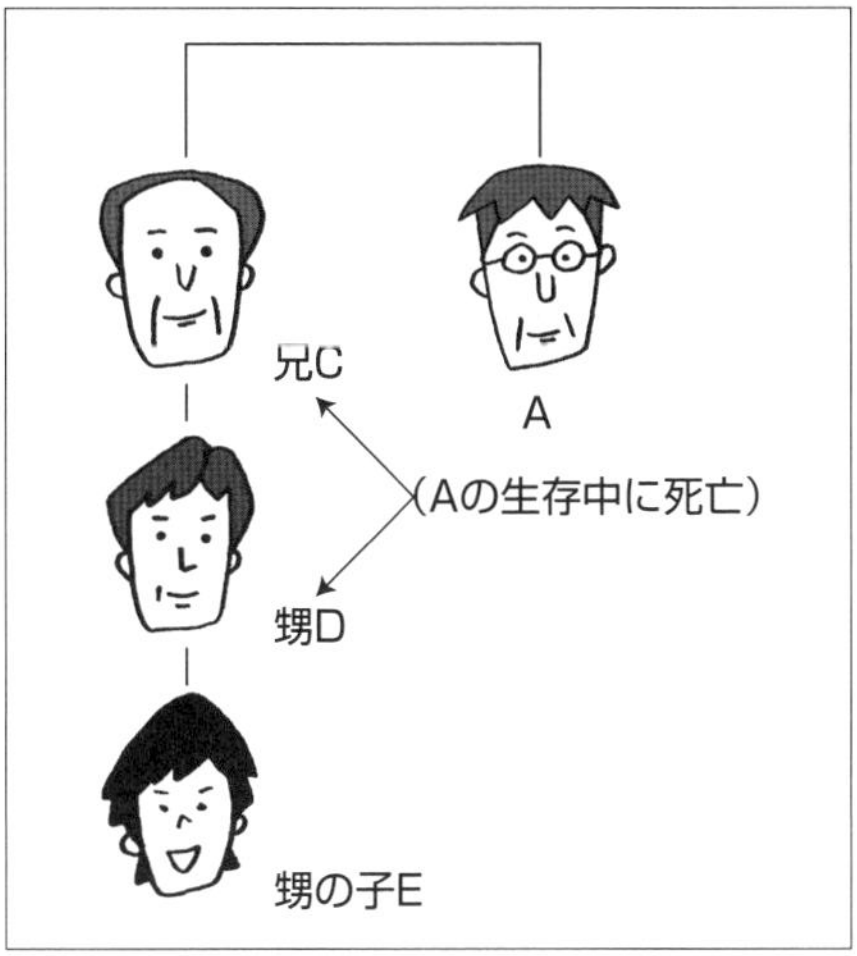

合に、Bの子Cが存在すれば、CがAを相続することになります。

兄弟姉妹の子も先に死亡していた場合の相続人

Aには妻Bがいたが子はなかった。A死亡時にはAの直系尊属に健在の者はいなかった。Aには兄Cがおり、さらにCの子で甥Dにはその妻との間の子Eがいたが、Aの生存中にC、Dがともに死亡し、その後Aが死亡した。

被相続人死亡時に、これより先に兄弟姉妹とその子が死亡していたがさらにその子（被相続人の甥・姪の子にあたる）が存在するケースです。この場合、誰が被相続人を相続するのでしょうか。兄弟姉妹については、再代襲相続は認められませんので甥の子EはAを相続することはできません。

07

基礎編

相続額に反映される生前の「特別受益」

生前に親から受けた資金援助が相続に反映されるケースも

遺産分割にあたり、民法では特別受益が認められています。何が特別受益となるかは金額や資産、生活実態などから判断されます。相続人に対する遺贈はすべて特別受益となります。

遺産分割においては、相続人全員が納得のもと、遺産分割協議書を作成しそれに基づいて分割を行うのですが、公平な遺産分割というのは非常に難しいものです。相続人の中には被相続人の生前に援助を受けていた人もいるでしょう。その援助の内容も人によって様々でしょう。にもかかわらず、法定相続分で一律に遺産分割を行えば、不満を持つ相続人が出てくるのも当然のことです。

民法903条には下記注釈のような規定があります。つまり、生前に被相続人から資金援助や結婚資金などの贈与を受けたことのある相続人については、それらを特別受益として、その同じ価格を相続財産に含めた上で各相続人の相続分を算定することになります。そして、上記により計算された相続分が特別受益によって取得した価格を上回る場合でなければ、相続に際して新たな財産を取得することができないのです。

●民法903条の規定

①共同相続人中に、被相続人から、遺贈を受け、または婚姻、養子縁組のため若しくは生計の資本として贈与を受けた者があるときは、被相続人が相続開始の時において有した財産の価額にその贈与の価額を加えたものを相続財産とみなし、前三条の規定によって算定した相続分の中からその遺贈または贈与の価額を控除し、その残額を持ってその者の相続分とする。

②遺贈または贈与の価額が、相続分の価額に等しく、またはこ

1-15 兄弟でもめそうな親の援助

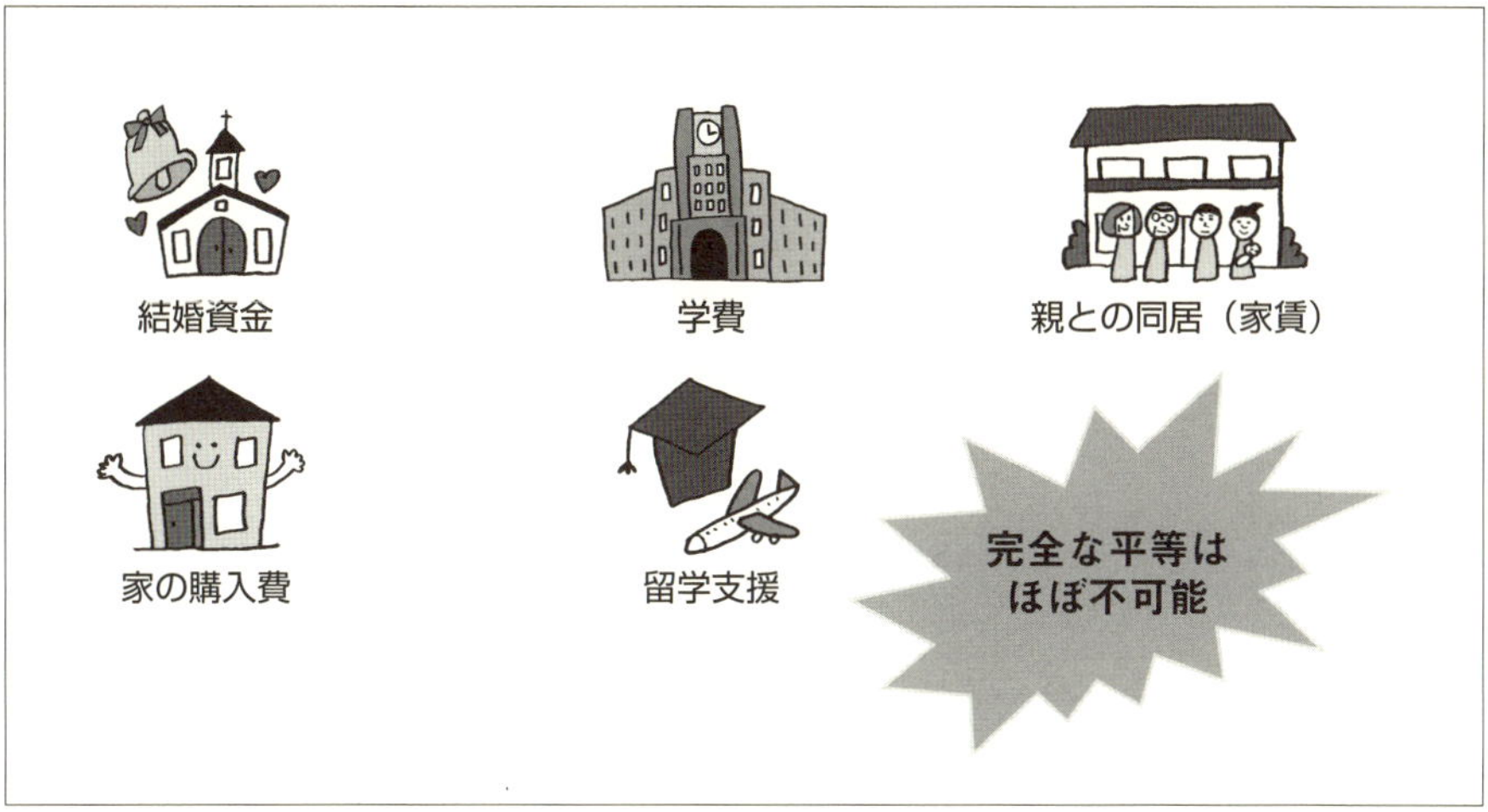

相続分から生前の贈与分が引かれる場合

具体例として、次のようなケースを想像してみてください。

被相続人が相続開始時において１０００万円相当の財産を有していたとします。相続人A、BおよびCのうち、Aのみが生前に婚姻費用として２００万円の贈与を受けていた場合には、Aの受けた婚姻費用は特別受益とみなされ、各相続分を算定する際の基礎となる相続財産に含めて考えられます。したがって、この場合には相続財産は１２００万円とみなされ、各人の相続分は３分の１である４００万円ずつとなりますが、このうちAは既に２００万円を取得していることから、Aが自己の相続分として新たに取得できる財産額は２００万円となります。これに対し、BおよびCは、それぞれ４００万円ずつを取得することになります。

れを超えるときは、受遺者または受贈者は、その相続分を受けることができない。
③被相続人が前二項の規定と異なった意思を表示したときは、その意思表示は、遺留分に関する規定に反しない範囲内で、その効力を有する。

08

基礎編

特別の貢献をした人に認められる「寄与分」

「寄与分」が認められるのは法定相続人だけ

相続は金銭勘定だけの問題ではなく、感情の問題でもあります。被相続人の生前に、その財産の維持または増加に特別の貢献をした人には寄与分が認められています。ただし、法定相続人でなければ認められず、どれだけの金額が認められるかも法定相続人の合意で決まります。

義理の父を介護した次男の妻は報われるか?

こんな事例を想像してみてください。

大病を患った父が5年間の闘病の末亡くなりました。長男は既に家を出て、実家で両親と暮らしていたのは次男夫婦でした。次男の妻は義父に良く尽くしました。義父の病状が悪くなってからは仕事を辞めて介護に専念しました。

次男も家に手すりをつけてバリアフリーにしたり、病院までのタクシー代を支払ったり、金銭的にも多大な負担をしてきました。

そこに実家を飛び出して東京に住んでいた長男夫婦が現れ、「お父さんの遺産は法定相続

1-16 父と妻の相続関係

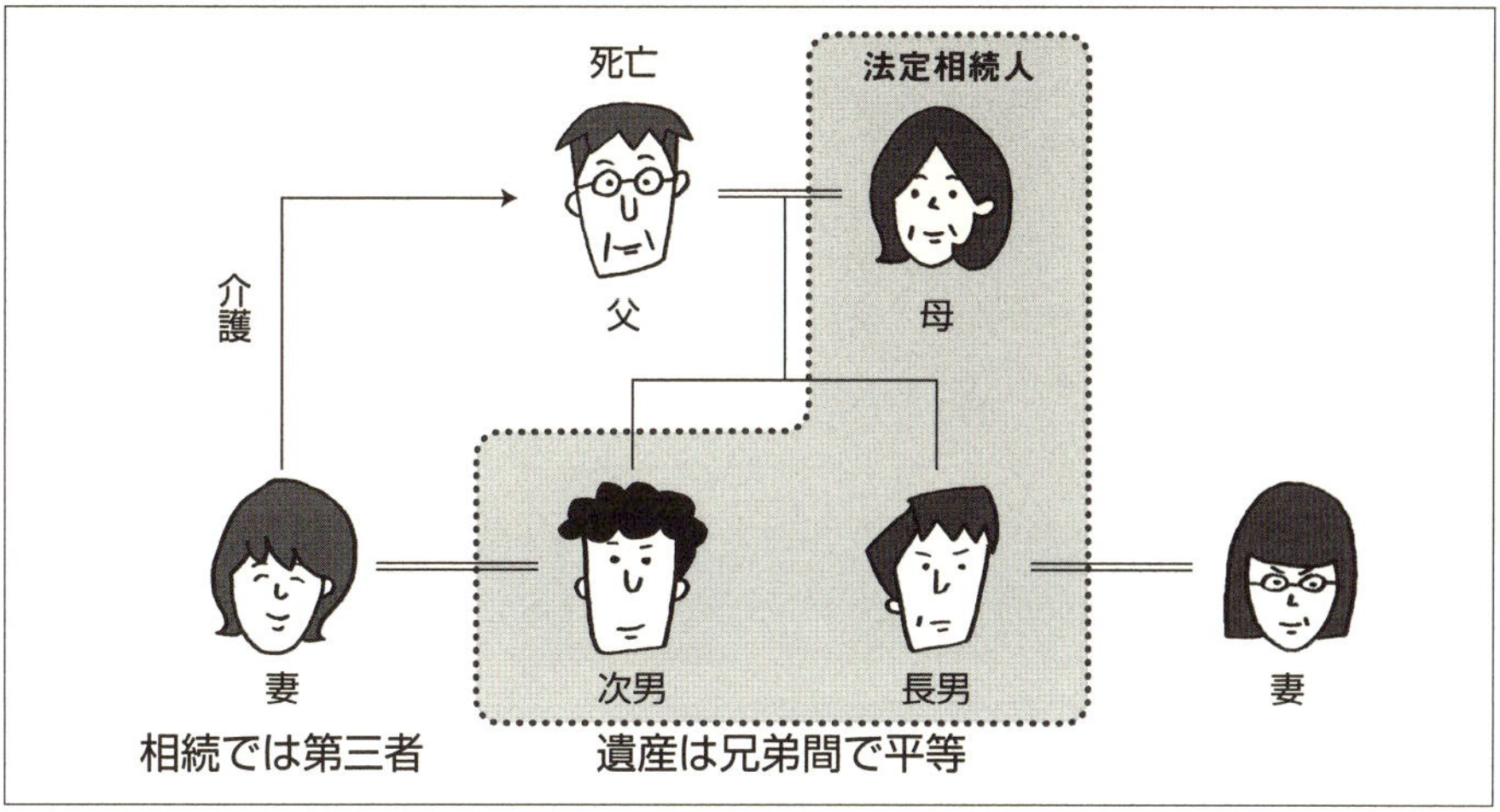

分通り分割しよう」といいだしたのだから、次男にしてみれば、たまったものじゃありません。

客観的には次男の妻はその貢献にふさわしいだけの遺産を受け取って当然とも思えますが、どれだけ献身的に面倒を見たとしても、相続の観点からいえば、次男の妻はあくまで第三者であって、法定相続人ではありません。次男の妻には1円も入りません。

話し合いがつかない場合は家庭裁判所で寄与分を決める

民法では、亡くなった人の事業を手伝うほか、病気の看護をするなど、亡くなった人の財産を殖やし、維持することに特別な貢献をした相続人には、貢献度合いに応じて多めに財産をもらうことが認められています。これを「寄与分」といいます。

寄与分が認められれば、その人はまず相続財産からその寄与分を確保でき、その残りを相続人が分けるという手順で遺産が分割されることになります。

ところが、厄介なのはこのケースのように、子供の配偶者（嫁や婿）が親の介護をしているケースです。寄与分が認められるのは法定相続人だけです。子供の配偶者がいくら献身的に介護しても、法律上は相続人ではないために、寄与分も認められず財産を相続することができません。

寄与分の存在や金額は、まず相続人間の遺産分割協議によって決められますが、相続人間で話し合いがつかない場合は、特別の寄与をした人が家庭裁判所に審判を求めることができます。家庭裁判所は、寄与の時期、方法、程度、遺産の額などを考慮して寄与分を決めます。なお、寄与分の金額については、相続開始時の財産の価格から、遺言により遺贈された価額を差し引いた額を超えることはできません。

また、寄与分が認められるためには通常の家族間の相互扶助の域を超えた特別な貢献でなければなりません。単に一緒に生活していただけでは認められません。

では、こうしたトラブルを避けるにはどうすればよいのでしょうか。こうした場合でも、遺言書に記載することで、介護に尽くした人に特別に財産を残すことが可能です。これを「遺贈」といいます。

このように寄与分は「親の面倒を看ることは、子供であれば当たり前」という考えがあるため、相続発生後にいくら「親の面倒を看ていたから、財産を多めに欲しい」と主張しても認められないことが多いため、遺言を作成してお世話になった人への気配りを残してあげる

1-17 寄与分が認められるケース

❶ 私財を提供して被相続人の面倒を見ていた

❷ 無報酬で被相続人の事業に従事していた

❸ その他、相続財産の維持や増加に寄与した

親の面倒をみていただけでは、
寄与分が認められない可能性がある

ことが大切です。

また寄与分が認められるケースは、具体的な財産提供の有無が関係してきます。例えば、次のようなケースが挙げられます。

・親の年金だけでは生活ができないため、子が自分の財布から生活費を援助してあげていたような場合

・親が事業を行っていたが、給料も受け取らずに無報酬で親の仕事を手伝っていた場合

・介護のために親の家にリフォームを行いバリアフリーに改修した場合

このように寄与分が法的に認められるためには、実際に子がなんらかの金銭面での負担を負っていたことが必要となります。

09

基礎編

相続人に未成年者がいる場合の相続手続き

相続に関係のない第三者が未成年者の「特別代理人」となる

遺産の分け方を話し合いで決める「遺産分割協議」は、相続人全員が参加し同意することが必要です。ところが、未成年の相続人がいる場合は少々事情が変わってきます。未成年の相続人は、遺産分割協議に参加することができないのです。

通常、未成年者が法律上の問題について判断を下す際には、親や後見人が「法定代理人」としてサポートしなければなりません。ところがこの相続の場合、未成年者の親自身も未成年の子と同じ相続人という立場で、互いの利益が相反することがあります。親は未成年者の相続人の代理人にはなれません。したがって、このような場合は「**特別代理人**」を選任する必要があります。

相続では親子でも互いの利益が相反する

例えば、このようなケースを想定してみましょう。

夫が亡くなり、妻と3人の子供が残されました。法定相続人は妻と3人の息子の4人です。母親と三男は同じ相続人という立場であり、互いの利益が相反することから、母親が三男

●**特別代理人**
本来の代理人が利益相反等によって代理を行うことが不適切な場合に裁判所に申し立てて選任される人。

1-18 夫が死亡し妻と３人の子どもが残されたケース

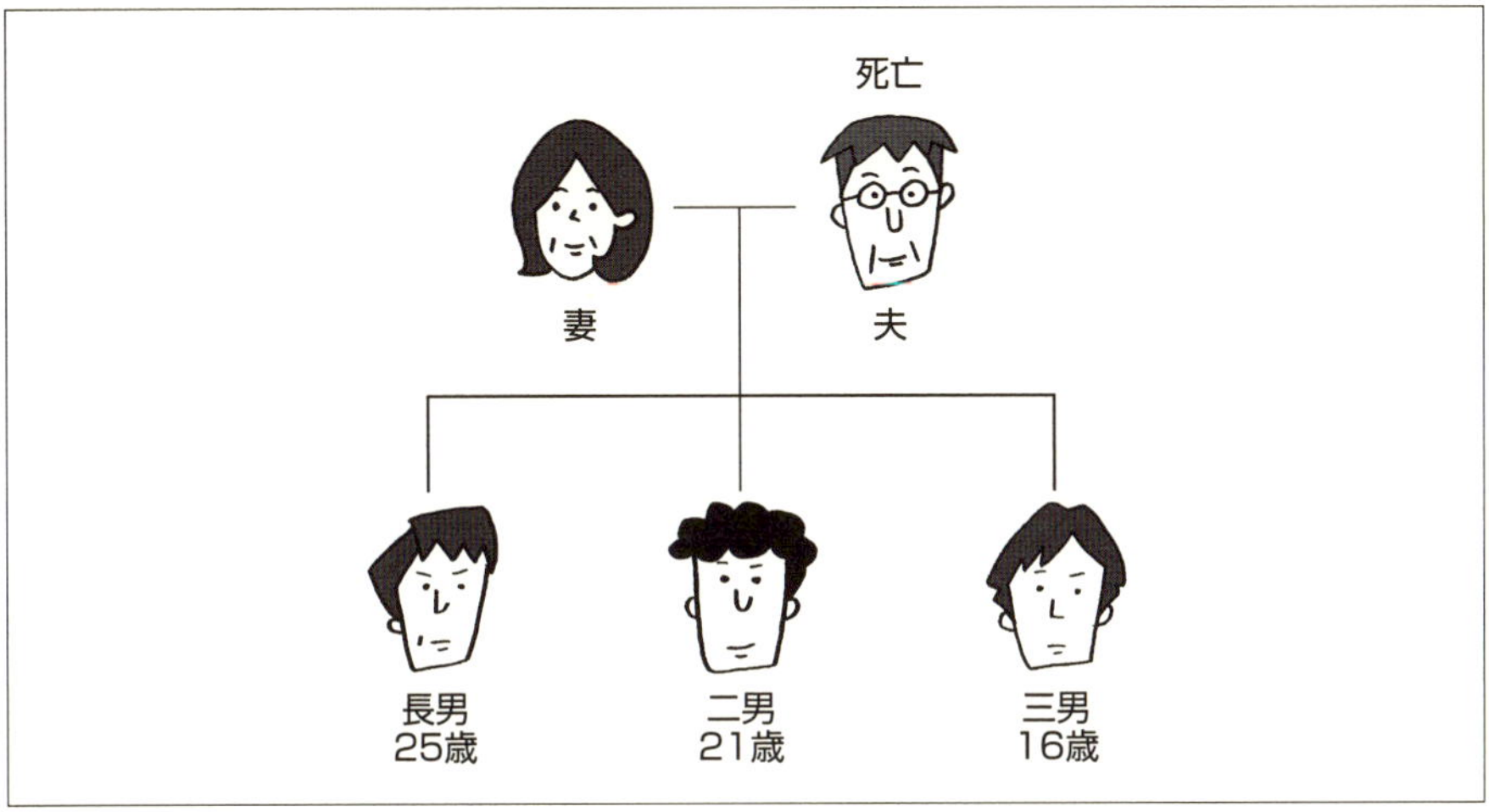

の法定代理人として遺産分割協議を行うことはできません。なぜならば、母親が三男の代理人になった場合、「お母さんの言う通りにしなさい」と母親の都合の良いように遺産分割協議が進んでしまう恐れがあるからです。そこで、相続に関係のない第三者を「特別代理人」に選任し、三男の代理人として遺産分割協議に参加してもらうことが必要になります。

この場合の特別代理人は、「相続権がないこと」が大前提で、それを満たしていれば親戚の人などでも構いません。ただし、遺産分割協議は公平であることが望ましいため、弁護士や税理士などに任せることが多くあります。

なお、特別代理人の選任手続きは、親権者が家庭裁判所で申請を行うことで可能になります。もしも三男が間もなく20歳を迎えるということであれば、三男が成人してから遺産分割協議を行うという方法もあります。

1、申し立てを行える人は?
→親権者、利害関係人
2、申立先は?
→子の所在地を管轄する家庭裁判所
3、申し立てに必要な費用は?
→子1人につき収入印紙800円分+郵便切手(連絡用)
4、申し立てに必要な書類は?
→申立書
→未成年者の戸籍謄本(全部事項証明書)
→親権者または未成年後見人の戸籍謄本(全部事項証明書)
→特別代理人候補者の住民票または戸籍附票
→利益相反に関する資料(遺産分割協議書案など)
→(利害関係人からの申し立ての場合)利害関係を証する資料〈戸籍謄本(全部事項証明書)など〉

相続人が未成年の場合には「特別代理人」を立てる必要があります!

また、前ページの例では未成年の相続人は1人ですが、未成年の相続人が2人以上いるケースでは、それぞれの特別代理人の選任が必要になります。

特別代理人を立てず、親が勝手に遺産分割協議を行えば、遺産分割協議自体が無効とされ、相続人である子は成人に達してから、その遺産分割協議を無効であると主張することができます。

10

基礎編

相続権を剥奪する「相続欠格」と「廃除」の制度

相続人が一定の非行をした場合のペナルティー

相続において、相続人がどんな親不孝を行っても、親の財産を相続することができるのでしょうか。民法では、「相続欠格」、「廃除」という制度が設けられています。この制度により相続権を剥奪されることもあり得ます。

相続に関して不正な行為をした者の相続を認めることは、正義に反し、法律感情の許さないところであるのは言うまでもありません。一種の制裁ないし私法罰として、相続欠格という制度があり、相続人が一定の非行をした場合には、法律上当然に相続権を剥奪する制度なのです。相続欠格は、特別の裁判手続きや意思表示は必要ありません。民法では5つの欠格事由をあげており、これにあてはまれば、法律上当然に発生し、相続欠格者は相続資格を失うとされています。

さらに、「相続欠格」と似ているものに、「廃除」があります。廃除とは、被相続人の請求に基づき、家庭裁判所が審判または調停により、**遺留分**を有する特定の相続人の相続資格を剥奪する制度です。

●**遺留分**
詳細は108ページ参照。

非行をした相続人の相続資格を剥奪するという点では、相続欠格と同様の意味を持つ制度ですが、被相続人の意思によるという点で、相続欠格とは異なります。法律上当然に相続資格を剥奪すべきといえるほど重大な非行でなく、より軽度の非行がある場合の制裁ということもできます。

民法が廃除の事由として2点をあげています。

・相続人に対する虐待または重大な侮辱
・その他の著しい非行

廃除はどのような手続きを経て効力が生じるかというと、家庭裁判所の審判または調停によらなければなりません。つまり、廃除を希望するには家庭裁判所に廃除の申し立てを行う必要があります。なお、廃除は遺言によっても可能です。

相続欠格や排除を取り消す方法

では、一旦、相続欠格や廃除となればそれを取り消すことはできないのでしょうか。相続欠格については民法上何の規定もありません。最近の学説では、被相続人には財産処分の自由があることを理由に、宥恕《ゆうじょ》（許すこと）による欠格者の相続資格回復を肯定する見解が有力です。

一方の廃除の場合には、被相続人が当該相続人に相続させることを希望する限り、特段の理由なく、廃除の取り消しにより相続資格を回復させることはできます。ただし、権利関係を明確にするため、取り消しにも家庭裁判所の審判または調停が必要です。

1-20 相続欠格と廃除の比較

	相続欠格	廃除
意義	相続人が一定の非行をした場合に、法律上当然に相続権を剥奪する制度	被相続人の請求に基づき、家庭裁判所が審判または調停により、遺留分を有する特定の相続人の相続資格を剥奪する制度
事由	①故意に被相続人または相続について先順位もしくは同順位にある者を死亡するに至らせ、または至らせようとしたために刑に処せられた者 ②被相続人が殺害されたことを知りながら、これを告発せず、または告訴しなかった者 ③詐欺または脅迫によって、被相続人が相続に関する遺言をし、またはその取り消し・変更をすることを妨げた者 ④詐欺または脅迫によって、被相続人に相続に関する遺言をさせ、またはその取り消し・変更をさせた者またはその取り消し・変更をさせた者 ⑤相続に関する被相続人の遺言書を偽造、変造、破棄または隠匿した者	ア．被相続人に対する虐待または重大な侮辱 イ．その他の著しい非行
効果	相続欠格者は問題となっている被相続人との関係でのみ、相続資格を失うに過ぎない。相続欠格の効果は一身専属的であり、欠格者の子は代襲相続が可能である。	廃除の審判の確定または調停の成立により、被廃除者は相続資格を失う。その効果が相対的・一身専属的であることは相続欠格と同様である。
手続き	当然に相続権を剥奪するものであり、手続きは不要	家庭裁判所に廃除の申し立てをしなければならない。 遺言によってもなすことができ、その場合、遺言執行者が廃除の申し立てをする
取り消し	民法上何らの規定もない	家裁判所の審判または調停により取り消し可能

11

行方不明の相続人がいる場合の「失踪宣告」と「不在者財産管理人」

失踪宣告を受けた者は7年間の期間満了時に死亡したとみなされる

相続人の中に、失踪したり、災害で遭難したりして、行方不明になったままの人がいる場合などは、遺産分割協議ができません。その場合には、家庭裁判所への申し立てを行います。

行方不明者の代わりに財産を管理する者を不在者財産管理人といい、配偶者や相続人といった利害関係人、または検察官が家庭裁判所に不在者財産管理人の選任の申し立てを行います。不在者財産管理人は行方不明者の代理人として遺産分割協議に加わることになります。

そして、不在者の生死が7年間明らかでないときは、家庭裁判所は、利害関係人の請求により、失踪の宣告ができるとされ、失踪宣告を受けた者は7年間の期間満了時に死亡したものとみなされます。したがって、家庭裁判所に対して、失踪宣告を請求し、家庭裁判所がこれを受けて失踪宣告をすれば、生死不明となったときから起算して7年間の期間満了時に死亡したものとみなされ、相続が開始します。

また、災害で行方不明となることも考えられます。戦地に臨んだ者、沈没した船舶の中にあった者その他死亡の原因となるべき危難に遭遇した者の生死が、それぞれ、戦争が止んだ

1-21 不在者財産管理人の選任手続き

1、申し立てを行える人は？
→不在者の配偶者、相続人にあたる者、債権者などの利害関係人と検察官
2、申立先は？
→不在者の従来の住所地または所在地を管轄する家庭裁判所
3、申し立てに必要な費用は？
→収入印紙 800 円分＋郵便切手（連絡用）
4、申し立てに必要な書類は？
→申立書
→不在者の戸籍謄本（全部事項証明書）
→不在者の戸籍附票
→財産管理人候補者の住民票または戸籍附票
→不在の事実を証する資料
→不在者の財産に関する資料〈不動産登記事項証明書、預貯金および有価証券の残高が分かる書類（通帳写し、残高証明書）など〉
→申立人の利害関係を証する資料〈戸籍謄本（全部事項証明書）、賃貸借契約書写し、金銭消費賃貸契約書写しなど〉

後、船舶が沈没した後またはその他の危難が去った後1年間明らかでないときは、家庭裁判所は、利害関係人の請求により、失踪の宣告ができるとされ、失踪宣告を受けた者はその危難が去ったときに死亡したものとみなされます。

失踪宣言は利害関係人による請求が前提

前述のケースを失踪、後述のケースを特別失踪といいますが、ともに、家庭裁判所の失踪宣告は利害関係人による請求が前提となります。利害関係人とは、失踪宣告をすることについて法律上の利害関係を有する者のことをいいます。不在者の配偶者や法定相続人は問題なく利害関係人ですが、債権者・債務者その他取り引き関係の相手はどうでしょうか。一般的には不在者の死亡について特に利害関係があるとはいえません。しかし、不在者の債権者、相続人となる者の債権者も、相続によって財産が増加する場合は、利害関係を有する者と解されます。

●失踪宣告の手続きについて
申し立てを行えるのは、「不在者の配偶者」「相続人にあたる者」など失踪宣告を求めるについての法律上の利害関係を有する者。申立先は、不在者の従来の住所地または所在地の家庭裁判所となる。申立には印紙代や官報公告料4298円などが費用として必要となる。申立に必要な書類は「申立書」「不在者の戸籍謄本（全部事項証明書）」「不在者の戸籍附表」「失踪を証する資料」「申立人の利害関係を証する資料」となる。

12

基礎編

内縁の妻との間にできた子供の相続分

最高裁が婚外子の相続差別に違憲判決

平成25年9月、最高裁で大変興味深い判決が下されました。結婚していない男女の間に生まれた非嫡出子《ひちゃくしゅつし》（婚外子）の遺産相続分を嫡出子の2分の1とする民法900条4号但し書きについて、法の下の平等を定めた憲法14条に違反するとの決定を示したのです。裁判官14人の全員一致によるものでした。

これまで、様々な相続のルールについて民法を基準にしてお話を進めてきました。ところが、この問題については、裁判所はそれまでの民法のルールが違憲であるという判決を下しました。

そして、ついに平成25年12月5日、民法の一部を改正する法律が成立し、非嫡出子の相続分が嫡出子の相続分と同等になりました。

例えば、死亡したAに配偶者B、嫡出子C、嫡出でない子Eがあり、相続財産の価額が1200万円の場合の法定相続分に従った各相続人の相続財産取得額は左の図のようになります。

1-22 民法改正で嫡出子と非嫡出子が同等に

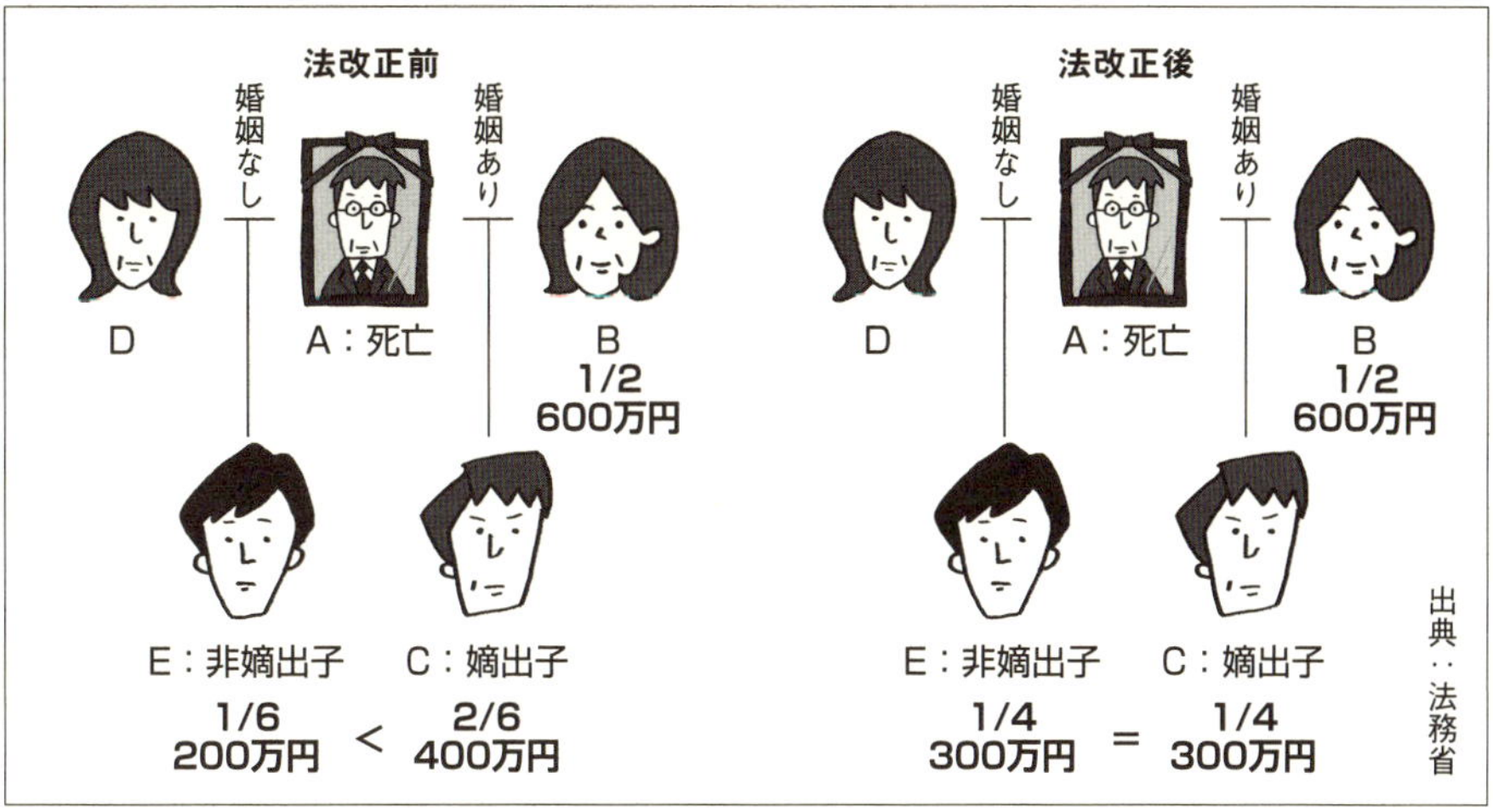

戸籍謄本で嫡出子と非嫡出子を判断する

ところで、相続においては戸籍謄本により相続人を把握するという作業が欠かせませんが、嫡出子については、その実父母間における出生の順序に従い、「長男、長女」「次男、次女」「三男、三女」と男女の性別ごとに数えていきます。続柄《つづきがら》は、実父母ごとに数えるため、父と先妻の間に長男がいて、その後その父と後妻の間に男子が出生した場合は、その男子の続柄は、長男となります。また、平成16年までは嫡出でない場合は、「男」「女」と記載されていましたが、現在は母の出生の順に記載されています。

●戸籍法での嫡出子・非嫡出子の扱い
平成16年11月の戸籍法施行規則の改正により、嫡出子・非嫡出子の区別は廃止され、これ以降に出生したこの続柄欄は全て「長男・長女」「次男・次女」と統一されています。これより以前に出生した非嫡出子でも、更生の申し出により記載の変更は可能です。

13

基礎編

相続後に凍結された預貯金の名義変更

トラブル防止のためまずは金融機関へ申し出た方が良い

銀行や郵便局の預貯金は、金融機関が本人の死亡を知った時点で凍結され、払い出しができません。相続開始と同時に相続人の共有財産となるからです。口座の凍結を解除するには遺産分割協議を完了させる必要があります。

相続が開始すると、亡くなった人の財産は遺言がない限り、相続人全員の共有財産となります。このため、相続人のうちの1人が、勝手に処分することはできません。したがって、金融機関は預金者の死亡を知った時点で口座を凍結します。

「死亡と同時に口座が凍結される」という話をよく耳にしますが、それは真実です。ただし、金融機関は全ての預金者の生死を把握できるわけではありませんので、中には亡くなった方の預金が、相続手続きもされず、何年もそのままになっていることもよくあります。

金融機関での相続手続きはかなり面倒です。いろんな書類の提出を求められ、細かい点を聞き出されます。

それは、相続人の共有財産を守るためでもあるのです。

相続人全員が同意すれば葬儀代を払い出すこともある

最終的に凍結された預金は、遺産分割協議書に基づいて各相続人に分配されます。しかし現実には、杓子定規な対応ばかりではなく、少額の場合や相続人間のトラブルに発展する可能性は低いと判断されれば、簡易的な扱いとして遺産分割協議書がなくとも、相続人全員が承諾することで代表相続人に払い出すこともあります。

また、「葬儀代もでない」という話も聞きますが、実際には、相続人全員の同意のもと、葬儀代に必要な金額を払い出すこともあります。

これらはあくまで便宜的な措置ですので、どの金融機関においてもいかなる場合にも、そのような対応ができるとは限りません。

1-23　死亡と同時に口座が凍結される

まずは、相続発生の際には、とくに相続人間のトラブルを防ぐためにも、こちらから金融機関に申し出るべきでしょう。具体的には135ページのような書類を記入することになります。取引の内容や、相続人の状況、遺産分割の予定など、金融機関と認識を共有し、相続手続きをスムーズに行うことにもなります。

基礎編

14

不動産を相続した場合の登記

面倒だと放置していると売買契約ができなくなる⁉

相続により不動産の所有権が相続人に移転する場合には相続登記が必要です。相続登記に期限はありませんが、後々のトラブルを未然に防ぐためには、速やかに相続登記を行うことが必要です。

亡くなった方が不動産を所有している場合であれば、その相続人に所有権が移転します。相続登記手続きは、大きく次の3つに分けられます。

1. 法定相続による相続登記
2. 遺産分割による相続登記
3. 遺言書による相続登記

法定相続とは、民法で定められた順序と割合で各自が相続する、相続の基本形です。遺言書や遺産分割協議によって、法定相続分とは異なる相続がなされますが、遺言書も、遺産分割協議もない場合は、この基本形の法定相続で相続することとなります。

一般的には、法定相続や遺産分割による場合が多いと言えますが、最近は遺言による相続

も増えています。

遺言書がある場合でも、遺言書と異なる遺産分割協議をすることができる場合があります。この場合は、遺産分割協議による相続登記を行うことになります。

相続登記は、もちろん被相続人が死亡した後に行いますが、いつまでに申請しなければならないといった期限の決まりはありません。なかには、登記費用がもったいない、面倒だと言って、そのままになっているケースもあります。

相続登記をせずにいると、さらに相続人が死亡して次の相続が開始したり、古い戸籍が廃棄処分されたりなどして、権利関係が複雑になり、必要書類が手に入らなくなるなどの不都合が生じます。さらに、その不動産を売却しようとする場合にも、原則として相続登記が完了していないと、売買契約を結ぶことも困難です。

相続登記にかかる費用

- 登記事項証明書代（1 物件につき 600 円。 要約書にした場合は 1 物件につき 450 円）
- 戸籍、住民票、評価証明書代　数千円
- 法務局への交通費または郵送代　数千円
- 登録免許税（固定資産評価額の 1000 分の 4）

相続登記に必要な書類

共通して必要なもの

- 登記申請書
- 被相続人が生まれてから死亡するまでの戸籍謄本（除籍・改製原戸籍・現戸籍）
- 被相続人の住民票の除票 (本籍地の記載のあるもの)
- 相続人全員の戸籍謄・抄本）
- 不動産を取得する相続人の住民票の写し
- 相続不動産の固定資産税評価証明書
- 相続人の委任状 (代理人により申請する場合)
- 相続関係説明図 (戸籍謄本、除籍謄本等の原本還付を受けるため)

ケースにより必要となるもの

- 遺言書がある場合は、遺言書
- 遺言執行者の指定がある場合は、遺言執行者の印鑑証明書
- 特別受益者がいる場合は、特別受益証明書及び印鑑証明書
- 相続放棄をした人がいる場合は、相続放棄申述受理証明書
- 遺産分割協議をした場合は、遺産分割協議書及び相続人全員の印鑑証明書
- 調停または審判に基づいて相続登記を申請する場合には、調停調書または審判書（確定証明書付き）の謄本
- 相続欠格者がいる場合は、確定判決の謄本または欠格者自身が作成した証明書・印鑑証明書
- 推定相続人の廃除がなされた場合は、その旨が戸籍に記載されますので別途書面は必要ない。

銀行からの融資で建物を建てている場合の注意点

相続税対策のために銀行からの融資で賃貸建物を建てているケースもあります。その場合には特に注意が必要です。もし、**根抵当権**が設定されているなら、少し厄介です。根抵当権の債務者が死亡した場合、その死亡から6カ月以内に後継債務者（指定債務者）を定める合意の登記をしない時は、根抵当権の元本は相続開始の時（債務者の死亡時）において確定したものとみなされます。

新たな融資を受けることができなくなるなど、銀行との取り引き上大きなマイナスとなります。そして、よく混同されるのは根抵当権の合意の登記は、死亡から6カ月という期限です。相続税の申告と支払いが10カ月ですので、この期限の違いについては気をつけなければいけません。

相続登記は、相続人が法務局で行います。相続人が複数いる場合は、その内の1名から、全員の分を申請することも可能です。また、遺産分割協議で、複数いる相続人の内の1名に相続させると協議した場合は、その不動産を取得する相続人が申請人になります。

●**根抵当権**
不特定の債権に対して限度額が不動産に設定されたもの。通常の抵当権と異なり、限度額の範囲内でお金を貸し借りできる。

基礎編

15

生命保険の保険金請求手続き

介護をしてくれた息子の嫁にもお金を残せる

生命保険の保険金は相続財産とは切り離して取り扱われます。生命保険をうまく利用することで、相続をスムーズに進めることも可能になります。

相続の対象財産を考える場合に問題になるのが生命保険です。正確には相続に関係するのは、保険金という現金ではなく「生命保険金請求権」です。この段階ではまだ保険金を請求できる権利であって現金化されていないからです。

生命保険金請求権については、受取人としてあるAさんを指定した場合、同請求権は、保険契約の効力発生と同時にAさんの固有財産となり、被保険者の遺産より切り離されているものとされます。したがって、生命保険金は、Aさんのみが取得することとなります。

それがどうしたのと、素通りしてしまいそうな話ですが、実は相続財産とは切り離しているというところが、ポイントです。実際の事例で説明をすすめましょう。

事例：Aさんには法定相続人としてB、C、Dの3人の息子がいます。Aさんには3000

1-26 Bさんに生命保険請求権を与えるケース

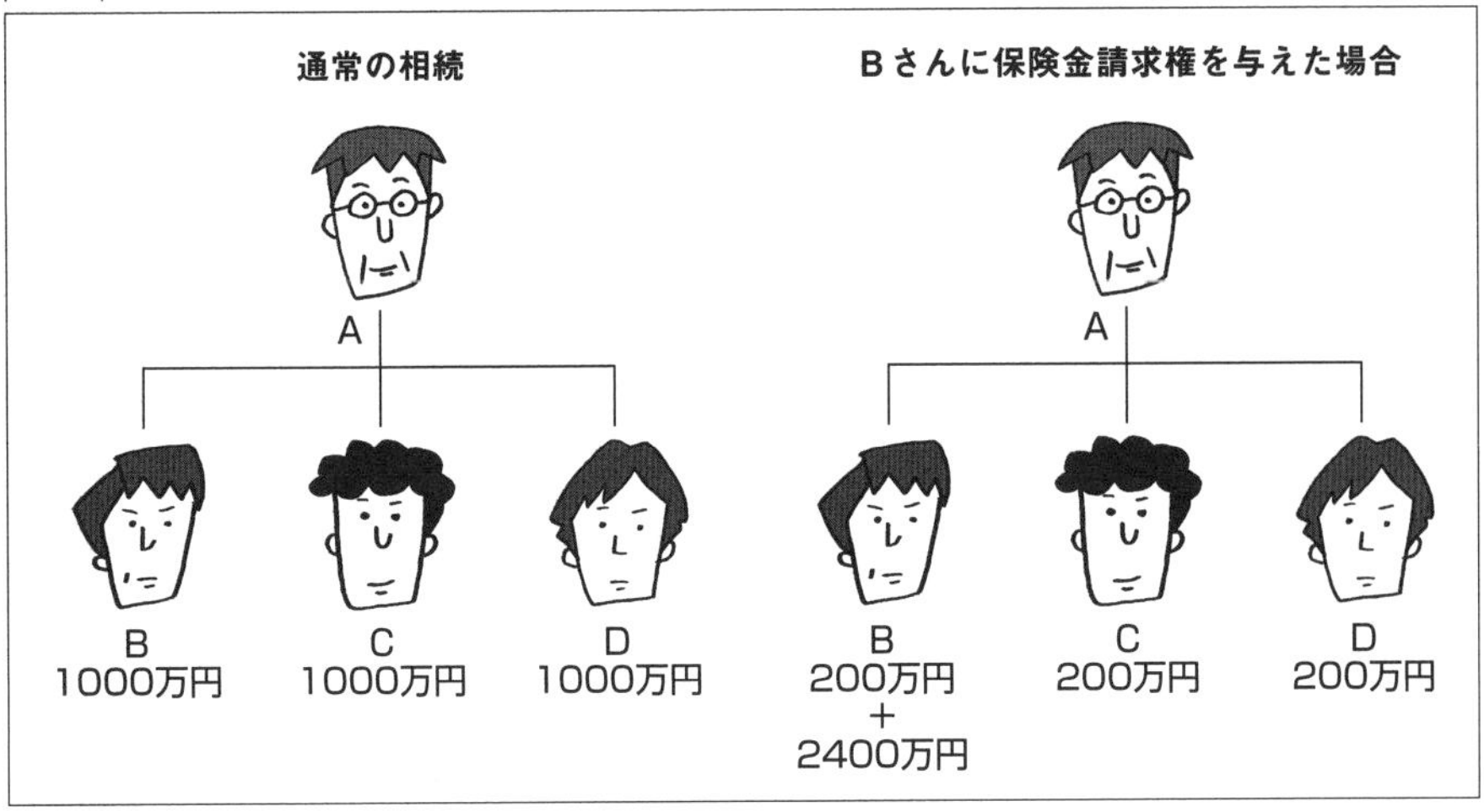

万円の銀行預金があります。

①もし、このままAさんが亡くなった時にはB、C、Dそれぞれの息子はどれだけの遺産を相続するでしょうか。

Aさんの遺産3000万円（預金）
B：1000万円（預金）　C：1000万円（預金）　D：1000万円（預金）

答えは簡単ですね。B、C、Dそれぞれが1000万円ずつAさんの預金を相続することになります。

では、ここで生命保険を使ってみましょう。

②Aさんの3人の息子のうち、特にC、Dは既に家を出てしまったが、Bは家業を継ぎAさんの老後の面倒も看てくれています。Aさんが病気を患ってからは特に熱心に介護してくれているので、特別にAさんには財産を他の

1-27 生命保険金・給付金の請求・受取のポイント

ポイント1：生命保険会社に連絡する

保険金・給付金の支払い事由に該当した場合、保険証券などを確認し、最寄りの営業所やサービスセンターに連絡する

ポイント2：請求から受け取りの流れを確認する

原則として受取人本人が請求する必要があるので注意

ポイント3：保険金・給付金の内容と、受け取れないケースを確認する

契約のしおり・定款・約款・保険会社のホームページなどをよく確認する

ポイント4：請求漏れがないか確認する

契約内容によっては複数の保険金・給付金が受け取れる場合があるので、よく確認する

ポイント5：「指定代理請求人」などで請求ができる場合もある

受取人が請求できない事情がある場合には、指定代理請求人に関する特約を付加することなどにより、代理人が請求できる（代理人にはあらかじめ支払事由および代理請求できることを説明することが大切）

公益財団法人 生命保険文化センター（www.jili.or.jp/seikyutebiki/）を参考にして作成

息子よりもたくさん残してやりたいと考えています。そこで、Aさんは銀行預金3000万円のうち、2400万円をBさんが保険金受取人になるような、**一時払い終身保険**としました。

Aさんの遺産600万円（預金）
B：200万円（預金）＋2400万円（保険金請求権） C：200万円（預金） D：200万円（預金）

そうすると、相続により分割されるAさんの遺産は600万円のみで、2400万円は保険金請求権という形でBのものとなります。

こうすることにより、遺言が無くとも法定相続分と異なった遺産分割が可能となります。

さらに、法定相続で遺産を受け取ることができるのは法定相続人に限られています。保険金

●**一時払い終身保険**
契約時に保険料を一時払いすることで、一生涯の死亡保障を確保できる保険商品

受取人を法定相続人以外とすることで、法定相続人以外に財産を残すことも可能となります。

例えば、長男の嫁は法定相続人にはなれません。もっとも、養子縁組みするという手段も可能ですがここではそれは考えません。介護など特別世話になったので財産を残してやりたいと思っても、法定相続分はゼロです。そういうケースで保険金請求権を利用する価値があります。

さらに、相続財産から分離されるメリットをもう一つ紹介しておきます。遺産分割には長い時間と労力がかかります。遺産は相続人全員の共有財産となりますので、相続人のひとりが勝手にそれを処分することはできないのです。銀行預金であれば、遺産分割協議書が整うまで、銀行は払い出しに応じません。何千万円もの遺産を受け取る権利がありながら、じっと指をくわえて預金通帳を眺めるだけという期間が何カ月も続くこともあります。それだけなら、まだよいのですが、お金が必要なのに、どうにもできないということもあります。

生命保険であれば、遺産分割協議とは全く関係なく、受取人が保険金を受け取ることができます。

16 遺族年金などの年金関係の手続き

相続税の課税対象となる年金受給権に注意

厚生年金や国民年金などを受給していた人が死亡したときに遺族に対して支給される遺族年金は、原則として所得税も相続税も課税されません。しかし、相続税の課税対象になる**年金受給権**もあるので注意が必要です。

厚生年金や共済組合等の加入者が死亡し、かつ個々の支給要件を満たす場合に、その遺族に対しては遺族年金が支給されます。

生命保険と同様に、加入者（被相続人）の死亡によって、具体的な財産請求権が発生するという点に注目すれば、遺族年金請求権を相続財産とみなされ、課税されるように思われます。

しかし、遺族年金はその受給権者や支給規定が法律で個別に定められており、また遺族の生活保障という趣旨で給付される金銭であるため、受給権者固有の権利であると解釈されています。つまり、相続財産とはなりません。

●**年金受給権**
公的年金や個人年金保険等を受け取る権利のこと

が、ここでも例外があり、相続税等の課税対象になる年金受給権もあるのです。その具体的な例を2つ紹介します。

① 在職中に死亡し、死亡退職となったため、会社の規約等に基づき、会社が運営を委託していた機関から遺族などに退職金として支払われることになった年金。この年金は死亡した人の退職手当金等として相続税の対象となる。

② 保険料負担者、被保険者、かつ、年金受取人が同一人の個人年金保険契約で、その年金支払い保証期間内にその人が死亡したために、遺族などが残りの期間について年金を受け取ることになった場合。この場合、死亡した人から年金受給権を相続または遺贈により取得したものとみなされて相続税の課税対象となる。

●年金受給者が亡くなった際の手続き

年金を受ける権利は受給者が死亡するとなくなります。死亡してから14日以内に、各種必要書類を揃えて、届け出をしましょう。年金受給者が死亡した場合、その年金受給者によって生計を維持されていた遺族がある場合は、遺族年金が受けられる場合があります。社会保険事務所または年金相談センターに相談してください。

17 株式や自動車などの名義変更手続き

遺産分割協議後は早めに名義変更をしよう

相続財産の名義変更は、いつまでにしなくてはならないというような期限はありませんが、次の相続が起こってしまった場合には手続きが複雑になりトラブルのもとになります。また、相続した財産を売却する場合には、名義人が被相続人のままであると売却することができませんので、結果的に名義変更をしなくてはならなくなります。

そういったトラブルを避けるためにも遺産分割協議が終了したらなるべく早めに相続財産の名義を変更すべきです。

株式の名義変更手続き

株式の名義変更は被相続人名義の株式が上場株式か非上場株式かによって手続きが異なります。上場株式は証券取引所を介して取り引きが行われていますので、証券会社と相続する株式を発行した株式会社の両方で手続きをすることになります。

証券会社は顧客ごとに、それぞれ取引口座を開設していますので、取引口座の名義変更手続きを行います。取引口座を相続する相続人は以下の書類を証券会社に提出して名義変更す

1-28 主な財産の名義変更手続き

遺産の種類		手続き先	必要な書類
名義変更手続き	不動産	地方法務局（本支局・出張所）	所有権移転登記申請書、戸籍謄本（相続人）、除籍謄本（被相続人）、住民票（相続人）、固定資産課税台帳謄本　など※1
	預貯金	預貯金先	依頼書（銀行などに備付）、除籍謄本（被相続人）、戸籍謄本（相続人）、預金通帳、印鑑証明書（相続人）など※1
	自動車	陸運局 陸運支局 登録課	移転登録申請書、自動車検査証（有効なもの）、自動車検査証記入申請書、戸籍謄本（相続人）、除籍謄本（被相続人）、自動車損害賠償責任保険証明書（呈示のみ）※1
	特許権 実用新案権 意匠権 商標権	特許庁登録課	移転登録申請書、戸籍謄本（相続人）、除籍謄本（被相続人）※1
支払い請求手続き	生命保険	生命保険会社	戸籍謄本（相続人）、除籍謄本（被相続人）、生命保険証、生命保険金請求書、死亡診断書、印鑑証明書（相続人）
	退職金	勤務先	戸籍謄本（相続人）、除籍謄本（被相続人）

※1 遺産分割協議書および相続人全員の印鑑証明書、または遺言書が必要。

ることになります。下の注釈にあげたものは一般的な例であり、証券会社、個々の事例により異なることがあります。

証券会社で取引口座の名義変更手続きが終了した後は、株式を発行した株式会社の株主名簿の名義変更手続きをすることになります。この手続きに関しては証券会社が代行して手配してくれます。その際、相続人は相続人全員の同意書（名義変更を代行している信託銀行所定の用紙）を用意することになります。非上場株式は取引市場がないので、それぞれ会社によって行う手続きが変わります。発行した株式会社に直接問い合わせる必要があります。このほか、保険会社によって必要になってくる書類がある場合がありますので直接保険会社に問い合わせましょう。

その他の財産については上の図を参照して下さい。

証券会社の取引口座の名義変更に必要な書類

① 取引口座引き継ぎの念書（証券会社所定の用紙）
② 相続人全員の同意書（証券会社所定の用紙）
③ 相続人全員の印鑑証明書
④ 被相続人の戸籍謄本
⑤ 相続人の戸籍謄本

18

基礎編

相続税の果たす役割

そもそもなぜ相続に税金がかかるのかを知ろう

この本の中でも、さかんに相続税という言葉を使ってきました。しかし、そもそも相続税とは何か。なぜ相続税が存在するのか、改めて考え直してみましょう。

財産が親から子にうつるだけなのに、なぜ税金がかかるのでしょうか。相続税の持つ働きについて代表的なものを紹介します。

所得税の補完機能

被相続人が生前において受けた税制上の特典や負担の軽減などにより、蓄えた財産を相続開始の時点で清算する、いわば所得税を補完するものであるという考えです。

富の集中抑制機能

相続により、相続人等が得た偶然の富の増加に対し、その一部を税として徴収することで、相続した者としなかった者との間の財産の均衡を図り、併せて富の過度の集中を抑制するという考え方です。

1-29 相続税の税率のイメージ

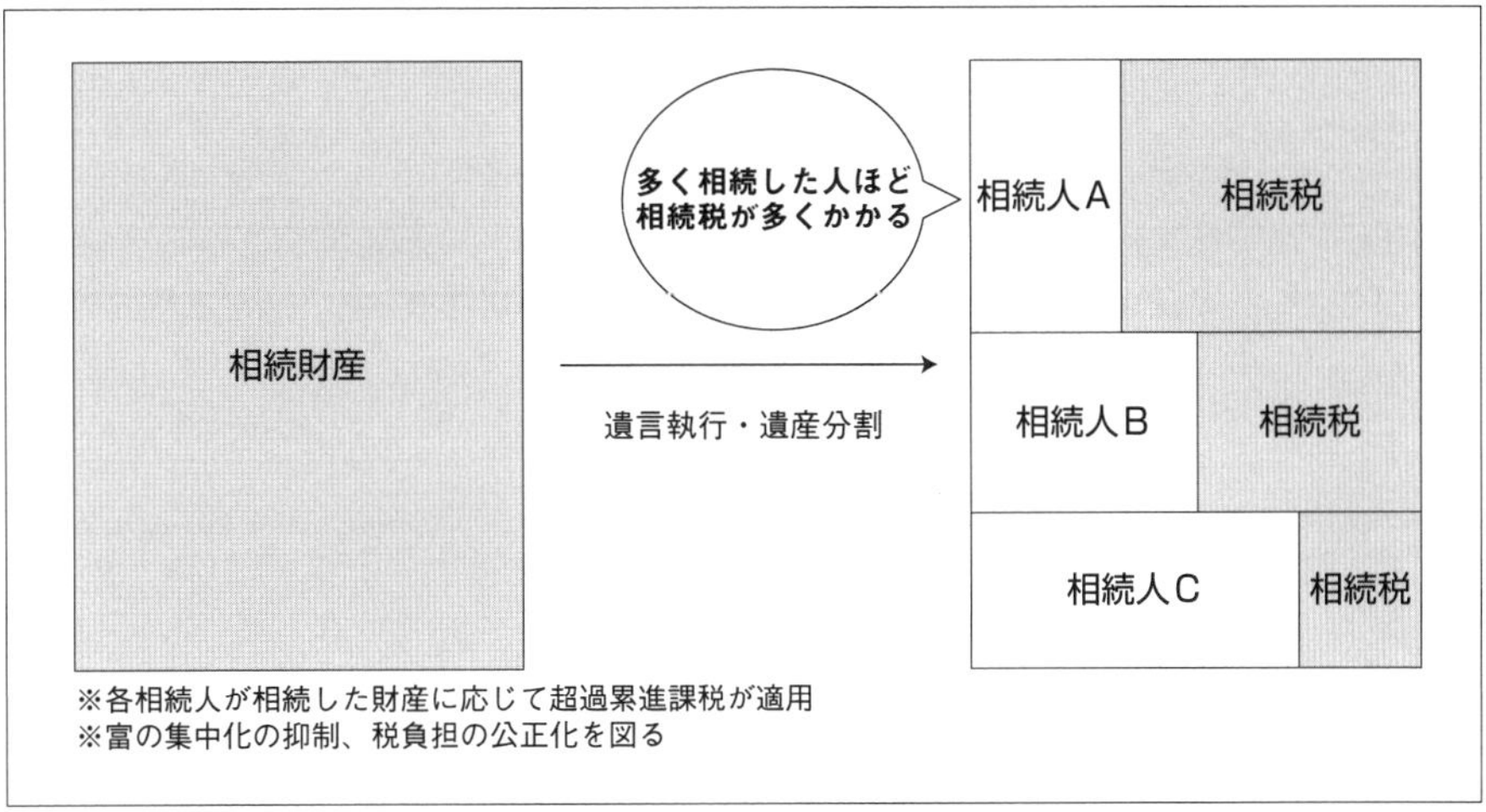

※各相続人が相続した財産に応じて超過累進課税が適用
※富の集中化の抑制、税負担の公正化を図る

そのために、相続税は富の集中の抑制、同一の被相続人から財産を取得した者間の取得財産額に応じた税負担の公平性を考えた仕組みになっており、所得税など他の税金とは異なった独特の課税方式を採用しています。

相続税の計算方法

相続税額の総額は、法定相続人が法に定められた分割基準通りに遺産を取得したものとして、算出したそれぞれの税額を合計します。各人は、実際に財産を取得した割合に応じて税額を負担します。全体の流れは上の図のようになります。

1-30 相続税の課税方法

※税率は図版1-31参照　※※基準となる数量に比例して割り振ること

1-31 相続税の速算表

改正前（平成26年12月31日まで）の相続税率		
各取得分の金額	税率	控除額
1000万円以下	10%	ー
3000万円以下	15%	50万円
5000万円以下	20%	200万円
1億円以下	30%	700万円
3億円以下	40%	1700万円
3億円超	50%	4700万円

改正後の相続税率（平成27年1月1日以降）		
各取得分の金額	税率	控除額
1000万円以下	10%	ー
3000万円以下	15%	50万円
5000万円以下	20%	200万円
1億円以下	30%	700万円
2億円以下	40%	1700万円
3億円以下	45%	2700万円
6億円以下	50%	4200万円
6億円超	55%	7200万円

※相続税が実際にどの程度かかるかは次ページの早見表を参照下さい

19

基礎編

新旧納税早見表による相続税の計算

法改正による基礎控除額の減少に注意しよう

日本の相続税は「法定相続分課税方式」という計算方式がとられ、法定相続人の人数が多ければ多いほど、相続税が少なくなるようになっています。また大きな基礎控除という相続税が非課税になる枠があり、税制改正前（平成26年12月31日まで）は5000万円＋法定相続人の人数×1000万円までの財産であれば相続税が非課税となっていましたが、税制改正後（平成27年1月1日以降）は3000万円＋法定相続人の人数×600万円まで基礎控除が減少します。

相続税を計算する過程で間違いやすいのが、「いったん法定相続分で相続したと仮定して」相続税の全体を計算し、そこから実際の各相続人の取得額によって相続税を按分していく点です。実際に相続税の早見表で、相続税がいくらかかるのかを計算してみましょう。

1-32 相続税早見表

相続人が母と子２人の場合

相続財産	現行	改正後	増税額
5000 万円	0 円	10 万円	10 万円
6000 万円	0 円	60 万円	60 万円
7000 万円	0 円	112.5 万円	112.5 万円
8000 万円	0 円	175 万円	175 万円
9000 万円	50 万円	240 万円	190 万円
1 億円	100 万円	315 万円	215 万円
1 億 5000 万円	462.5 万円	747.5 万円	285 万円
2 億円	950 万円	1350 万円	400 万円
2 億 5000 万円	1575 万円	1985 万円	410 万円
3 億円	2300 万円	2860 万円	560 万円
3 億 5000 万円	3175 万円	3735 万円	560 万円
4 億円	4050 万円	4610 万円	560 万円
4 億 5000 万円	4925 万円	5492.5 万円	567.5 万円
5 億円	5850 万円	6555 万円	705 万円
6 億円	7850 万円	8680 万円	830 万円
7 億円	9900 万円	1 億 870 万円	970 万円
8 億円	1 億 2150 万円	1 億 3120 万円	970 万円
9 億円	1 億 4400 万円	1 億 5435 万円	1035 万円
10 億円	1 億 6650 万円	1 億 7810 万円	1160 万円

※いったん法定相続分で取得したものとして総額を計算
※相続税額の総額を、実際に取得した財産の比率に応じて按分

8000 万円の場合の計算式の例
A：相続財産合計－基礎控除額
8000 万円－（3000 万円＋ 600 万円 × 3 名）＝ 3200 万円

B：各人の法定相続分の取得額を算出
3200 万円× 1/2 ＝ 1600 万円（配偶者）
3200 万円× 1/4 ＝ 800 万円（子供）
3200 万円× 1/4 ＝ 800 万円（子供）

C：相続税額を算出
配偶者：1600 万円× 15%－ 50 万円 ＝ 190 万円
子供：800 万円× 10%＝ 80 万円
子供：800 万円× 10%＝ 80 万円
合計：350 万円

D：各相続人の取得額によって按分
（母 1/2、長男 1/2、長女なしの場合）
配偶者：350 万円× 1/2 ＝ 175 万円
配偶者特例：▲ 175 万円＝ 0 万円

長男：350 万円× 1/2 ＝ 175 万円
長女：350 万円× 0 ＝ 0 円

1-32 相続税早見表

相続人が子１人の場合

相続財産	現行	改正後	増税額
5000 万円	0 円	160 万円	160 万円
6000 万円	0 円	310 万円	310 万円
7000 万円	100 万円	480 万円	380 万円
8000 万円	250 万円	680 万円	430 万円
9000 万円	400 万円	920 万円	520 万円
1 億円	600 万円	1220 万円	620 万円
1 億 5000 万円	2000 万円	2860 万円	860 万円
2 億円	3900 万円	4860 万円	960 万円
2 億 5000 万円	5900 万円	6930 万円	1030 万円
3 億円	7900 万円	9180 万円	1280 万円
3 億 5000 万円	9900 万円	1 億 1500 万円	1600 万円
4 億円	1 億 2300 万円	1 億 4000 万円	1700 万円
4 億 5000 万円	1 億 4800 万円	1 億 6500 万円	1700 万円
5 億円	1 億 7300 万円	1 億 9000 万円	1700 万円
6 億円	2 億 2300 万円	2 億 4000 万円	1700 万円
7 億円	2 億 7300 万円	2 億 9320 万円	2020 万円
8 億円	3 億 2300 万円	3 億 4820 万円	2520 万円
9 億円	3 億 7300 万円	4 億 320 万円	3020 万円
10 億円	4 億 2300 万円	4 億 5820 万円	3520 万円

相続人が子２人の場合

相続財産	現行	改正後	増税額
5000 万円	0 円	80 万円	80 万円
6000 万円	0 円	180 万円	180 万円
7000 万円	0 円	320 万円	320 万円
8000 万円	100 万円	470 万円	370 万円
9000 万円	200 万円	620 万円	420 万円
1 億円	350 万円	770 万円	420 万円
1 億 5000 万円	1200 万円	1840 万円	640 万円
2 億円	2500 万円	3340 万円	840 万円
2 億 5000 万円	4000 万円	4920 万円	920 万円
3 億円	5800 万円	6920 万円	1120 万円
3 億 5000 万円	7800 万円	8920 万円	1120 万円
4 億円	9800 万円	1 億 920 万円	1120 万円
4 億 5000 万円	1 億 1800 万円	1 億 2960 万円	1160 万円
5 億円	1 億 3800 万円	1 億 5210 万円	1410 万円
6 億円	1 億 7800 万円	1 億 9710 万円	1910 万円
7 億円	2 億 2100 万円	2 億 4500 万円	2400 万円
8 億円	2 億 7100 万円	2 億 9500 万円	2400 万円
9 億円	3 億 2100 万円	3 億 4500 万円	2400 万円
10 億円	3 億 7100 万円	3 億 9500 万円	2400 万円

20

基礎編

突然税務署から届く「相続税のお尋ね」

申告漏れを指摘されると各種ペナルティがあるので要注意

税務署が特に相続税の申告漏れに対する税務調査を強化している、といわれています。「相続税」の申告漏れと併せて今後は「海外財産」に対する調査の強化が予想されます。

税務署は「相続税のお尋ね」と、題する文書を送付して相続の内容、収入金額の内訳について調査を行っています。その背景にはこのような事情があるようです。平成23年度の税制改正で税務調査の手続きを厳格化する改正国税通則法が成立。平成25年1月から施行され、納税者に税務調査を事前通知する際の事務手続きなどが細かく定められました。そのような状況で現場の事務負担が大幅に増えていることから、申告漏れが見つかりやすい「相続」と「海外財産」に力を入れているということです。

海外財産への調査は強化されている

海外財産に対する調査が強化されているのも特徴的です。平成24年度税制改正により、国外財産調書制度が創設されました。その年の12月31日において、その価額の合計額が5000万円を超える国外財産を有する人は、その財産の種類、数量および価額その他必要

1-33 国外財産調書の記載例

平成25年12月31日分　国外財産調書

国外財産を有する者	住所（又は事業所、事務所、居所など）	○○市○○町１－１－３	
	氏名	○　○　○　○	（電話）XXX－XXX－XXXX

国外財産の区分	種類	用途	所在	数量	価額	備考
土地		事業用	オーストラリア○○州△△XX通り6000	1 200㎡	54,508,000	
建物		事業用	オーストラリア○○州△△XX通り6000	1 150㎡	80,000,000	
合計額					327,760,605	
（摘要）						

な事項を記載した国外財産調書を、その年の翌年の3月15日までに提出しなければならなくなりました。

税務署が相続財産を把握している理由

相続発生後に、税務署から送付されてくる「相続税のお尋ね」の封筒は、全ての家に送付されてくるものではなく、あらかじめ相続税が発生しそうな家を選定して送付されてきます。では、なぜ税務署はそんなことが分かるのでしょうか？

相続が発生すると、最初の手続きとして、市区町村役場への「死亡届」の提出があります。この死亡届を受け取った市区町村役場は、その情報を管轄の税務署へ報告する必要があるため、死亡届の提出とともに、相続発生の事実が税務署に知られてしまいます。

不動産所有者や高額納税者は要注意

相続発生の事実が税務署に通知された後、税

1-34 相続税の無申告に関する調査実績

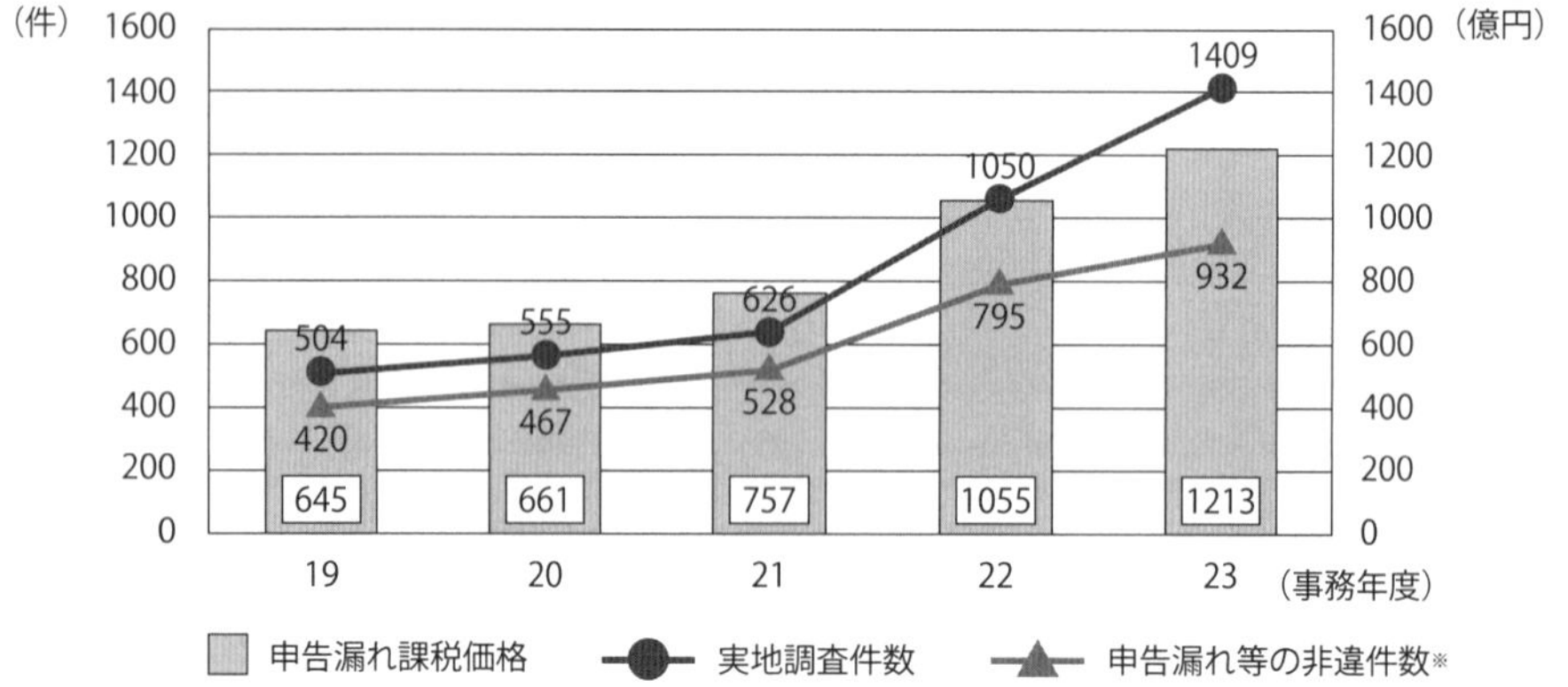

※法に背いた件数
出所：国税庁「平成23事務年度における相続税の調査の状況について」

務署では、亡くなった人が相続税の課税対象となる可能性があるかどうかを調べます。ほとんどのケースでは、過去の所得税の確定申告書で判断されます。収益不動産を保有していれば、毎年、不動産所得を確定申告しています。たくさん給料をもらっていた人も、源泉徴収票等で確認されます。たくさん税金を納めていたということは、多くの財産を蓄積しているのではないかと予想されてしまいます。

納税額が少なくても油断は禁物!!

それでは、稼ぎも多くなく、不動産は自宅だけで賃貸物件を所有していないという人は相続税申告をしなくてもいいのでしょうか？　相続税のお尋ねは先述のような方法で、選定された人に送付されてきますので、相続税申告が必要な財産を所有していても、税務署から何も通知が来ないことも数多くあります。しかし相続税の基礎控除を超える財産を保有していれば、相続開始から10カ月以内にきちんと相続税申告を行うことが必要です。

　税務署から通知が来ないのであれば、申告しなくてもバレないのではないかと思われる方もいるかもしれません。しかしほとんどのケースでは税務署にバレてしまいます。例えば、自宅の名義変更のために相続登記を行った場合には、相続登記の情報が税務署へ法務局から通知される仕組みとなっているため、自宅を相続した事実が税務署に知られてしまいます。

　そしてこういった無申告の状態で、相続開始から10カ月が経過した後に税務署から指摘されて相続税申告を行うと、延滞税や無申告加算税、重加算税、等の重いペナルティを受けてしまうため注意が必要です。

21

税理士のスキル次第で決まる相続税

相続税が還付されるケースも

最近、「相続税が還付される可能性があります」といったDMがよく届きます。振り込め詐欺ではありません。本当に相続税の還付を受ける人が増えているのです。「税理士の数だけ相続税がある」と、言われます。相続税は税理士のスキルによって計算される税額が異なる可能性が高いのです。なぜ、このようなことが起こるのでしょうか。

不動産の評価は税理士によって違う

相続税を計算する基礎となるのは、相続財産の算出です。現金、預金、不動産、有価証券、生命保険、ゴルフ会員権、さまざまな相続財産がありますが、税理士によって評価額が大きく異なるのは不動産なのです。現金や預金の評価が税理士によって違うと大変なことになりますが、不動産の評価は税理士によって違うのです。

不動産に詳しい方なら、路線価が相続税の算出の基礎となっていることはご存じでしょう。相続の対象となる土地の面積に路線価を掛けることで、その土地の評価が算出されます。これで何の間違いもありません。しかし、多くのケースで土地の評価を落とすことができるの

1-35 同じ税理士でも得意・不得意がある

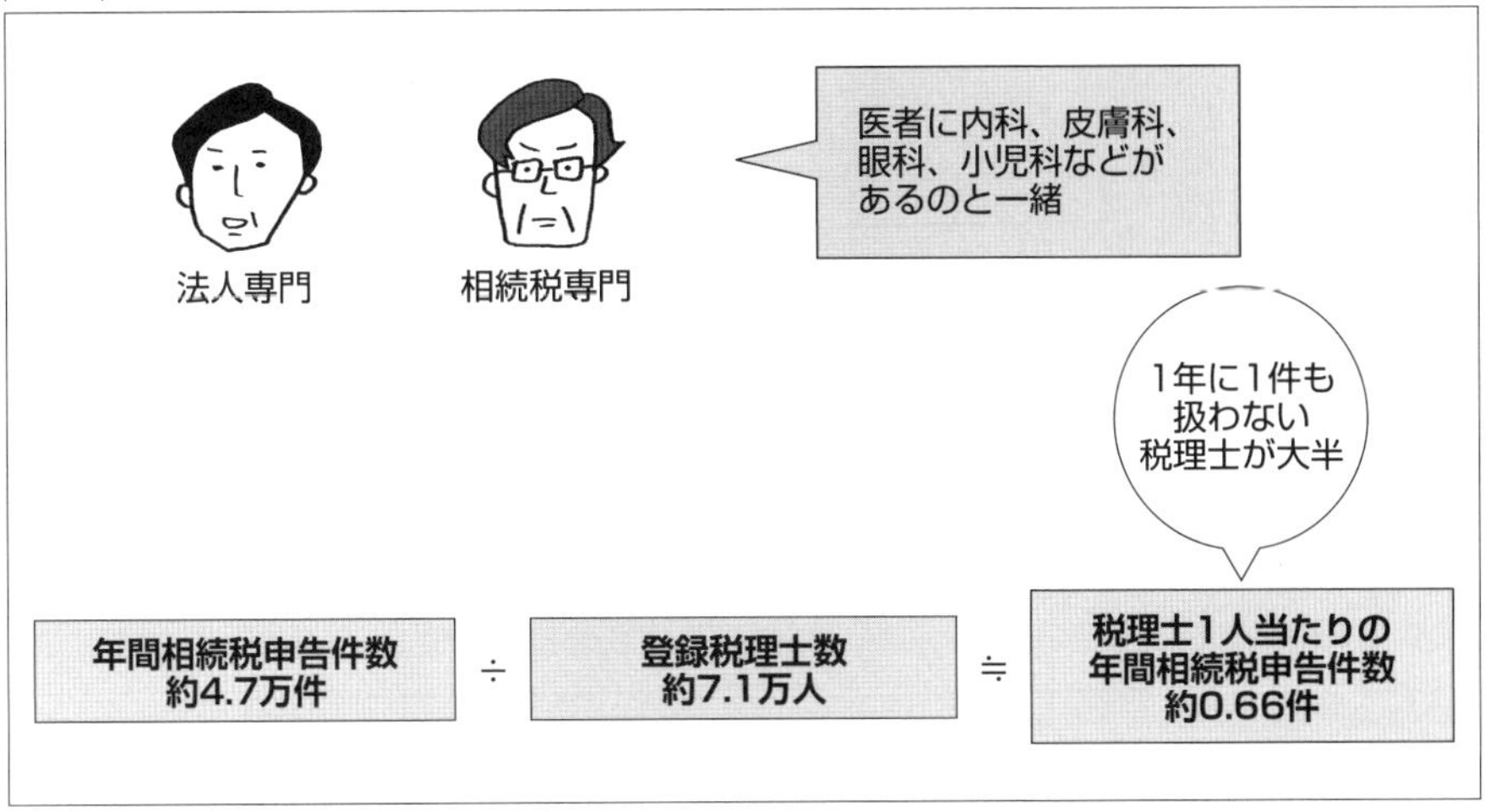

です。相続税の還付はこの点に目をつけ、相続税を計算し直すのです。

「でも、相続税を払ってしまってからでは遅いよね」。いいえ、そんなことはありません。相続税法には「更正の請求」ができると定められています。かつては1年以内でしたが、新税制により5年以内に遡って請求することができるようになりました。ただし、平成23年12月2日以降に申告期限が到来するものに限られます。

相続税申告経験がない税理士が大多数!?

相続税申告は特殊な分野であり、経験豊富な税理士はごく少数です。一番の理由は、会社の顧問や所得税の確定申告の数と比べて、相続税申告の総数が少ないためです。これは国税庁と税理士会の統計情報からも明らかとなっており、年間の相続税申告件数を税理士の総数で割った値は約0・66件となっています。つまり、1年間で1件も相続税の申告をしない税理士が大半であるということが、こういった統計情報からも明らかとなっています。

医者にも外科・内科医・皮膚科・耳鼻科等といった専門分野があるように、税理士にも法人税、所得税、消費税、相続税といった専門分野があります。相続税経験の少ない税理士に、相続税の相談をするということは、内科医に外科の手術をお願いするのと同じ位、リスクのあることなのです。

相続税に強い税理士の探し方

ではどのようにして、相続税に強いまたは専門の税理士事務所を探せばよいのでしょうか。今はインターネットで、簡単に税理士を探せる時代になりました。相続税を取り扱っている事務所はたくさんありますが、税理士事務所の選定の際には次のようなポイントを基準にするといいでしょう。

①直近一年間の相続税申告実績が30件以上ある

ポイントは「直近の一年間」の相続税申告実績を聞くことです。少なくとも年間30件以上の相続税申告実績があれば、相続税に強い事務所といえるでしょう。また「相談実績」ではなく「申告実績」が重要です。

②HPが相続税関係のものしかない

相続税専門をHPの宣伝文句にしていても、実際には会社の顧問業務がメインといった税理士事務所も多く存在します。そんな時には、その税理士事務所の名前でインターネット検索して、相続税以外の法人顧問を中心とするサービス等を扱っているHPがないかど

1-36 同じ報酬額でも納税額に差がでるケースもある

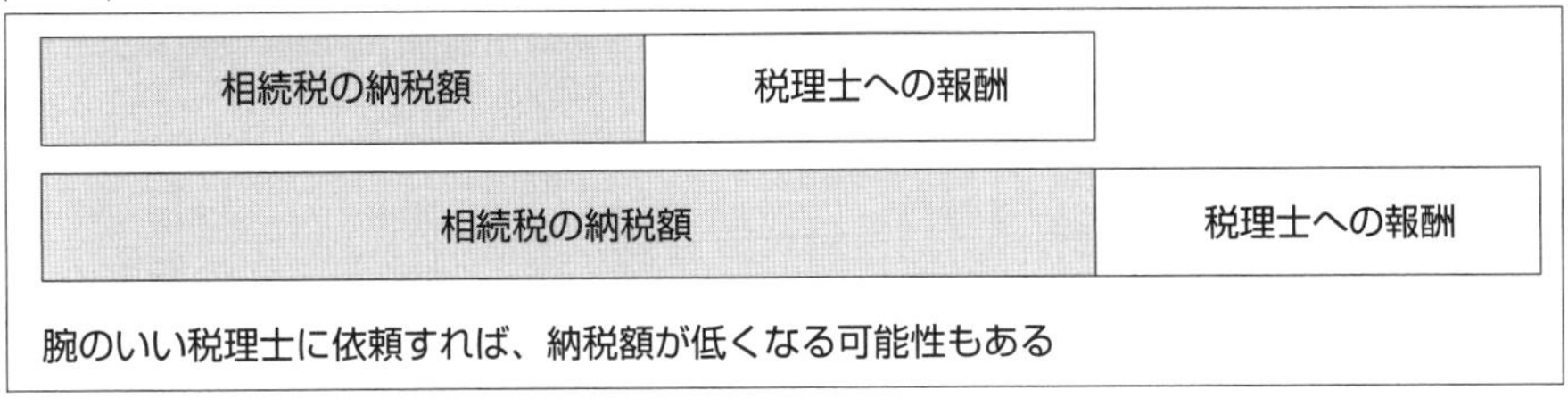

うかを調べるのも一つの方法です。

③費用は、「税理士報酬」＋「相続税納税額」のトータルで検討する

税理士の相続税申告にかかる報酬は自由化されており、それぞれの税理士事務所で大きな開きがあります。一般的には遺産総額の0・5～1％程度が相場といわれています。しかし、いくら報酬が低くても、相続税申告の経験が少なければ意味がありませんので、そのあたりは注意しましょう。

相続税に強い税理士に依頼するメリット

①相続税が節税できる!!

相続税専門の税理士事務所に依頼する大きなメリットの一つが、やはり「相続税の節税」です。相続税申告は数多くの特例や、複雑な土地の評価基準、各種財産の評価方法に至るまで専門的なノウハウや経験、そして知識が重要になります。

②税務調査を回避しやすくなる!!

相続税の税務調査が入ると、プライベートなことやお金に関する様々な質問を受けるため、いい気持ちはしません。相続税に強い税理士事務所であれば、積み重ねてきた経験やノウハウがあるので、税務調査が来る確率を軽減することができるのです。

22

税務署が行う税務調査の概要

相続税申告から数年後に突然税務調査がくることも

平成23年に国税通則法が改正され、税務調査の手続きが煩雑化したことを受け、税務調査の件数そのものは減少しています。しかし、高い確率で申告漏れが見つかる相続税や、海外の所得・資産隠しに対しては、これまで以上に税務署のチェックが厳しくなっています。

「相続税の申告は一部の富裕層のもの」もはやそんな時代は終わりました。平成27年からの相続税法では基礎控除が「5000万円＋1000万円×法定相続人数」から「3000万円＋600万円×法定相続人数」へと大きく引き下げられます。

税務調査とは、納税者が提出した申告書の内容に誤りがないか、帳簿などを調べて確認することです。納税者の同意なしに帳簿などを調べることはできませんが、国税調査官には「質問検査権」という強い権限が与えられています。納税者が求められた書類の提出を拒んだり、嘘をついた場合には、1年以下の懲役または50万円以下の罰金が科されます。

国税庁によると、申告漏れで最も多い相続財産は「現金・預貯金等」です。「有価証券」をあわせると、全体の半分を占めています。名義を書き換えやすく、物理的に存在そのもの

1-37　税務調査の流れ

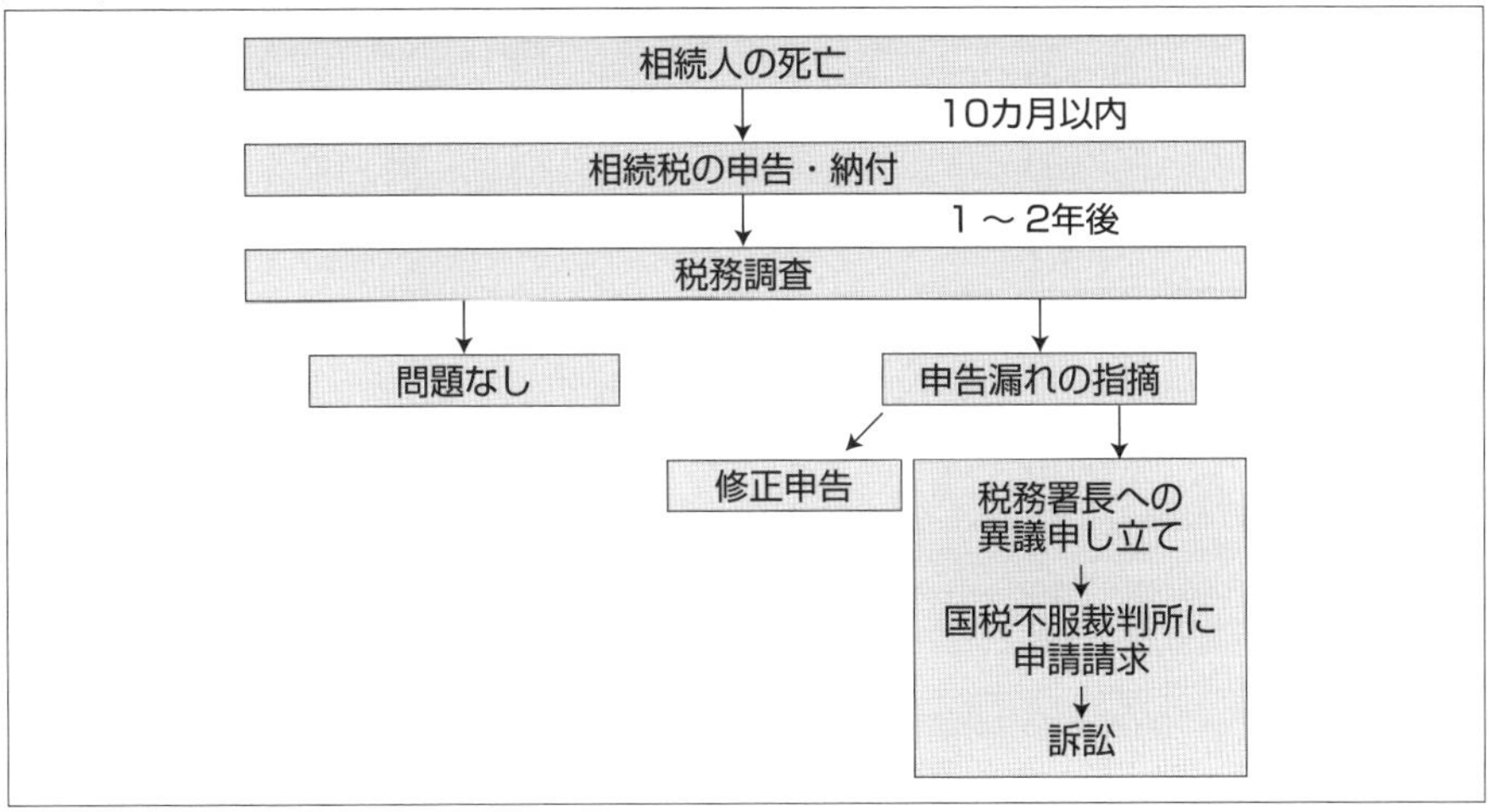

を隠しやすいために、誰もが隠そうとしますから、税務署が最も狙っているポイントでもあります。

架空の人物で銀行口座を開設するのは不可能

自宅だけではなく、金融機関にも税務調査が入ります。口座の入出金の動き、振り込み、必要であれば伝票の筆跡を照合し誰が取り引きを行ったかまで調査が行われます。昔は実在しない人物の名前で銀行口座を開設するなどということも可能でしたが、今は不可能です。さらにオンラインでの顧客口座の管理が進み、国税調査官が必要とする情報はすぐに収集できるようになっています。現金や預貯金を隠すほか、海外へ送金など行えば、必ず足跡が残ります。むしろ不動産に認められた多くの相続税減額の制度を駆使する方が余程確実です。

●追徴課税の種類

過少申告の場合
原則として過少申告加算税10％または15％。意図的な仮装・隠匿の場合は重加算税35％。

無申告の場合
原則として無申告加算税15％または20％。意図的な仮装・隠匿の場合は重加算税40％。

これらに加えて、法定納期限を過ぎた場合は、原則として年14・6％が延滞税として別途かかる（納期限の翌日から2カ月は原則として年7・3％）。

23

基礎編

亡くなった人の所得を確定させる準確定申告

相続税申告とは別に4カ月以内に申告と納税が必要なので要注意

生前に確定申告していた人は、相続税申告とは別に準確定申告が必要ですが、年金収入だけのケースでも、準確定申告を行えば、還付金を受けられるケースもあります。

所得税は、毎年1月1日から12月31日までの1年間に生じた所得について計算し、その所得金額に対する税額を算出して翌年の2月16日から3月15日までの間に申告と納税をすることになっています。しかし、年の中途で死亡した人の場合は、相続人が、1月1日から死亡した日までに確定した所得金額および税額を計算して、相続の開始があったことを知った日の翌日から4カ月以内に申告と納税をしなければなりません。これを準確定申告といいます。

そもそも準確定申告という言葉そのものが、あまり馴染みがないので、どういうものか分からないという人が多いと思います。準確定申告を行う理由は、所得税は暦年で課税されますが、期首1月1日から死亡日までの期間は被相続人の所得であり、死亡日以降は相続人の所得になるため、被相続人の生前の所得を確定させなければないからです。

相続税の申告と混同することも多いのですが、あくまで亡くなった人の所得の清算であり、

1-38 準確定申告をしなければならない人

①個人で事業をしていた人
②不動産所得があった人
③年間 2000 万円以上の給与所得があった人
④不動産を売却したり、保険の満期金受け取りなどがあった人

生前、確定申告をしていたい人は必要となる可能性が高い

相続税とは全く異なったものです。相続税の申告期限は10カ月でしたが、準確定申告の期限は4カ月であることは注意が必要です。

準確定申告の注意点について触れておきます。

① 確定申告をしなければならない人が翌年の1月1日から確定申告期限（原則として翌年3月15日）までの間に確定申告書を提出しないで死亡した場合

この場合の準確定申告の期限は、前年分、本年分とも相続の開始があったことを知った日の翌日から4カ月以内です。

② 相続人が2人以上いる場合

各相続人が連署により準確定申告書を提出することになります。ただし、他の相続人の氏名を付記して各人が別々に提出することも

できます。この場合、当該申告書を提出した相続人は、他の相続人に申告した内容を通知しなければならないことになっています。

③ 準確定申告における所得控除の適用

イ　医療費控除の対象となるのは、死亡の日までに被相続人が支払った医療費であり、死亡後に相続人が支払ったものを被相続人の準確定申告において医療費控除の対象に含めることはできません。

ロ　社会保険料、生命保険料、地震保険料控除等の対象となるのは、死亡の日までに被相続人が支払った保険料等の額です。

ハ　配偶者控除や扶養控除等の適用の有無に関する判定（親族関係やその親族等の1年間の合計所得金額の見積り等）は、死亡の日の現況により行います。

つまり、生前に確定申告が必要だった人については準確定申告が必要となる可能性が高いということです。そして、準確定申告を行うことで確定申告同様に医療費控除の他、さまざまな控除が受けられますので、税金の還付を受けられる可能性が高いということになります。特に、亡くなった歳の収入は年金収入だけだという方は、毎月年金から所得税が源泉徴収されているために、所得税について一部還付を受けられる可能性があります。

なお、還付の場合は請求権が時効で消滅するまで（5年）となります。

準確定申告手続きの注意点は、「期限」です。相続発生後は税金関係以外にも様々な手続きを行う必要がありますが、相続税申告の期限が「10カ月」であるのに対して、準確定申告の期限は相続が起きてから「4カ月以内」になっており、あっという間に申告期限が到来してしまいます。税金の手続きについて、相続税申告は10カ月だからまだ大丈夫と油断していると、所得税の準確定申告の期限が過ぎてしまい後で余計なペナルティ等が加算されてしまうこともあるため注意が必要です。また被相続人が青色申告を行っていた場合に、引き継いだ相続人が青色申告を継続したい時にも、届出を税務署に出す必要がありますので、気をつけなければいけません。

24

節税の武器にもなる贈与税

年間110万円以上の贈与は要注意

贈与税にはさまざまな特例措置があります。この特例措置をうまく利用することで将来発生する相続税を大きく節約することも可能です。

個人から財産をもらったときには贈与税がかかります。会社など法人から財産をもらったときは、贈与税はかかりませんが、所得税がかかることになっています。また、自分が保険料を負担していない生命保険金を受け取った場合、あるいは債務の免除などにより利益を受けた場合などは、贈与を受けたとみなされて贈与税がかかることになっています。ただし、保険金については取り扱いが異なり、死亡した人が自分を被保険者として保険料を負担していた生命保険金を受け取った場合は、贈与税でなく相続税の対象となります。

贈与の大きなメリット

ところで、一般論として「贈与は税率が高いので、相続で財産を分配した方が得だ」。そんな話をしばしば耳にします。しかし、最近は贈与が見直されています。贈与の大きなメリットは、次の通りです。

1-40 贈与税の計算方法

贈与税 ＝（贈与を受けた財産の価額－基礎控除 110 万円）× 税率 － 控除額

（贈与税の速算表：現行）

基礎控除および配偶者控除後の課税価格	税率	控除額
200 万円以下	10%	—
300 万円以下	15%	10 万円
400 万円以下	20%	25 万円
600 万円以下	30%	65 万円
1000 万円以下	40%	125 万円
1000 万円超	50%	225 万円

＋

（贈与税の速算表：改正後）

右記以外の通常の場合		
110 万円控除の価額	税率	控除額
200 万円以下	10%	—
300 万円以下	15%	10 万円
400 万円以下	20%	25 万円
600 万円以下	30%	65 万円
1000 万円以下	40%	125 万円
1500 万円以下	45%	175 万円
3000 万円以下	50%	250 万円
3000 万円超	55%	400 万円

直系尊属（祖父母や両親）→ 20 歳以上の者の場合		
110 万円控除後の価格	税率	控除額
200 万円以下	10%	—
400 万円以下	15%	10 万円
600 万円以下	20%	30 万円
1000 万円以下	30%	90 万円
1500 万円以下	40%	190 万円
3000 万円以下	45%	265 万円
4500 万円以下	50%	415 万円
4500 万円超	55%	640 万円

※相続税が税制改正により増税となる反面、贈与税については減税となります。節税対策として今後は生前贈与を積極的に活用することが重要になります。

1-41 孫への学費贈与が1500万円まで非課税に

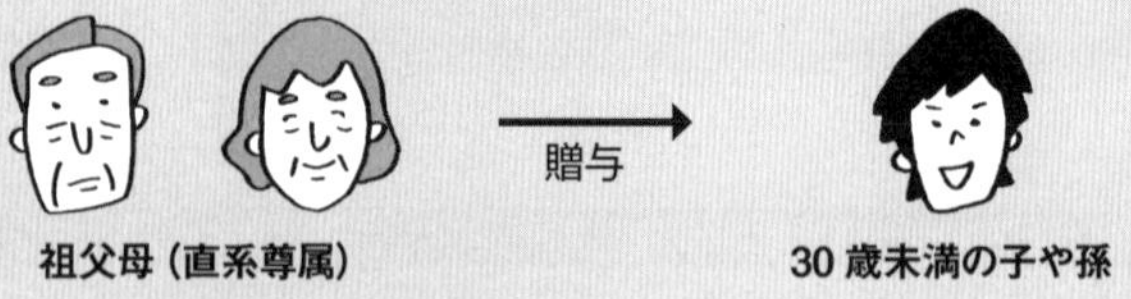

- 子や孫の年齢は30歳未満
- 学校への支払いは1500万円まで一括で無税で贈与できる
（塾などは500万円）
- 平成25年4月1日～平成27年12月31までの贈与に限る
- 贈与にあたっては申告書を金融機関経由で税務署に提出する

①毎年利用できること

②孫や子の配偶者など法定相続人以外にも利用できること

この2点です。非課税枠（基礎控除）は、年間110万円ですから全ての財産を贈与するのに、時間はかかりますが、多少の贈与税を払っても非課税額をある程度超える贈与額を渡す方が、相続税を減額できることもありますから、どのような贈与を行うか綿密な計画を立てる必要があります。

さらに、贈与に関してはさまざまな特例があります。この特例をうまく使うことで大幅な節税が可能になります。

①相続時精算課税制度

60歳以上の直系尊属（祖父母・親）から20歳以上の子や孫への贈与については、2500万円まで一時的に無税で贈与できる制度（平成26年12月31日までは、65歳以上の親から20歳以上の子)。実際に贈与者が死亡し相続が発生した際には贈与した額を相続財産に加えて評価をする必要があります。

②住宅取得等資金の贈与の特例

平成24年1月1日から平成26年12月31日までの間に父母や祖父母などの直系尊属から住宅取得等資金の贈与を受けた者が、贈与を受けた年の翌年3月15日までにその資金を自宅の新築や増改築などに充てて、その自宅に居住したときには一定の額について贈与税が非課税となります。

③教育資金の一括贈与に係る贈与税の非課税措置

受贈者(30歳未満)の教育資金に充てるため、直系尊属が平成25年4月1日から平成27年12月31日までの間に金銭等を拠出して金融機関に信託した場合、受贈者一人につき1500万円まで贈与税が非課税となります。

25

基礎編

贈与税や相続税の時効

もしもの時の申告忘れにどう対応するか

相続税の申告期限の10カ月というのはあっという間にやって来ます。間に合わないと延滞税、無申告加算税、悪質な場合には40％という高率の重加算税というペナルティが科されることもあります。

相続税の時効とは、相続が発生してから5年間、悪意がある場合には7年間、相続税を税務署から請求されずに支払わなければ、相続税の納税義務が消滅する、ということになります。つまり、相続税を申告も納付もしなくて良いということになります。

時効で逃げ切ることはほとんど不可能

相続税の申告そのものを時効まで逃げ切ることは、ほとんど不可能と言っていいでしょう。不動産の名義の書き換えや大きな資金の動きは税務署が把握しており、相続税を無申告のまま時効で逃げ切れるというのはまずあり得ません。

相続税を期限内に納付しなかった場合のペナルティについて触れておきます。

まずは、法定期限後に納付したことによる延滞税です。期限に遅れて申告・納付を行った

1-42 相続税延滞に対するペナルティ

種　類	どんな場合に課税されるか	割合
延滞税	税金の納付が遅れた場合 （納付が期限後の場合）	追加納付した税金の年 14.6%（2カ月以内「年 7.3%」と「前年の 11 月 30 日の日本銀行が定める基準割引率＋４%」のいずれか低い割合）
無申告加算税	申告書を提出し忘れて、自主的に申告期限を過ぎて申告書を提出した場合	税金総額の 5%（申告が申告期限から 2 週間以内に行われば 0%）
	申告書を提出し忘れて、税務調査により、申告期限を過ぎて申告書を提出した場合や決定があった場合	税金総額の 15%（納付税額が 50 万円を超える部分に対しては 20%）
重加算税	申告書を提出したが、財産を隠すほか、証拠書類を偽装した場合	追加納付した税金の 35%
	申告書を提出しないで、財産を隠すほか、証拠書類を偽装した場合	税金総額の 40%

場合は、平成26年1月1日以後の期間は、年「7.3%」と「特例基準割合＋1%」（平成26年は年2.9%）のいずれか低い割合となります。2カ月を過ぎる延滞の場合はさらに加算されます。

次に申告期限内に申告書を提出しなかった場合に課される無申告加算税というペナルティがあります。納付税額が50万円以下の場合は納付税額に対して15%、納付税額が50万円超の場合は、50万円を超える部分の納付税額に対して20%の税金が課せられます。

そして、最も重いペナルティは隠蔽や偽装がある場合にかかる重加算税です。重加算税は、本来納めるべき税金に対して40%の税金がされるという非常に重いペナルティです。なお、重加算税がされれば、前述の無申告加算税は課されません。

26

基礎編

相続発生後のタイムスケジュール

期限を確認して漏れがないようにしよう

相続手続きは期限に注意すべきものがたくさんあります。相続の放棄や限定承認の期限、準確定申告の期限、そして相続税の申告と納付など、まずは全体のスケジュールを把握しておきましょう。これまで相続についてのさまざまな手続きについて話を進めてきましたが、多くの手続きには期限が設けられています。

まずは「相続放棄」と「限定承認」の手続きです。これらの手続きについては、相続開始を知った日から3カ月以内に行う必要があります。

次に「準確定申告」と呼ばれる手続きです。所得税の確定申告が必要な人は通常、翌年3月15日までに確定申告を行いますが、相続が起きた場合はその年の1月1日から死亡の日までの期間の所得を、相続開始をした日の翌日から4カ月以内に確定申告する必要があります（準確定申告）。この手続きは相続人全員が納税者となり、被相続人の確定申告を行う必要があります。

また、亡くなった方が事業を営んでおり、所得税の青色申告を行っていた場合には、相続

1-43 相続の手続きとスケジュール

被相続人の死亡

「死亡届の提出」「葬儀の手配」「遺言書の有無の確認」「税理士への依頼」「相続人の確認」

相続放棄か限定承認を決める（３カ月以内）

相続放棄か限定承認の場合は、家庭裁判所に申述する。手続きによって、期限を延ばすこともできる。何も手続きしなければ、単純承認となる

相続人の青色申告届出の期限（４カ月以内）

被相続人から相続人が事業を引き継ぐ場合、青色申告の届け出をする必要がある。各種条件で期限が異なるので、税務署に問い合わせを

被相続人の準確定申告（４カ月以内）

被相続人が死亡した年の１月１日から死亡日までの所得の申告を行う

相続税の申告と納付（10 カ月以内）

所管の税務署に相続税申告書を提出

税務調査（10 カ月以後～ 22 カ月以内）

おおよそ申告者の３割を対象に税務調査が行われている

遺産の名義変更（期限はとくになし）

遺産分割協議終了後、遺産分割協議書に基づいて遺産の名義変更を行う
期限はないが、放置しておくとトラブルの種になるので、早めに行う方がよい

人が事業を引き継いで青色申告を行う際には、新たに青色申告承認申請書を税務署に提出しなければなりません。

そして、最後に相続税の申告手続きが待っています。相続税の申告は、被相続人が死亡したことを知った日の翌日から、10カ月以内に行うことになっています。もっとも、相続財産が基礎控除以内におさまっているのであれば、相続税申告は必要ありません。

最後に、遺産の名義変更ですがこれについての期限は決められていません。しかし、次の相続も考慮し、スムーズに名義の書き換えを行ってください。

スナックママの内縁の妻としての憂鬱

平成25年9月4日。この日はスナックママのAさんにとって生涯忘れることのできない1日となりました。Aさんはテレビのニュース番組に見入っていました。ニュースは最高裁で下された1つの判決について伝えていました。

最高裁判所は、非嫡出子(法律上結婚している夫婦ではない男女間に生まれた子)の法定相続分を嫡出子(法律上結婚している夫婦の間に生まれた子)の2分の1とする民法の規定(民法900条4項ただし書き)について、これは、法の下の平等を定める憲法14条1項に違反しており、無効であるとの判断を示したのです。

Aさん自身、内縁の妻であるが故に、配偶者には当然認められる権利が認められず、悔しい思いをしてきました。そして、Aさんの子供たちも非嫡出子であるが故に、嫡出子では当然に認められる権利が認められず、子供たちに対して申し訳ない気持ちでいっぱいでした。

自身のことだけならまだしも、何の罪もない子供たちにまで迷惑をかけてしまったような気がして、罪悪感を抱いてきました。

最高裁のこの判決によって、Aさんはこれまでずっと自分を責めてきた罪悪感から逃れることができたのでした。

「内縁の妻」に厳しい日本の税制

Aさんには内縁の夫Bさんとの間に子供が2人います。Bさんと前妻との婚姻関係は事実上破綻しており、前妻とその子供2人は別居しています。AさんとBさんが同居をはじめてすでに20年が経過していますが、籍は入れていません。その間に2人の子供が生まれ、4人で同居しています。2人の子供は当然ながら非嫡出子ということになります。認知こそ受けていますが、それでも法律上は非嫡出子です。

また税制は「内縁の妻」には非常に厳しいのです。例えば、所得税には配偶者控除という制度がありますが、これには内縁の妻は含まれません。もちろん、扶養控除の対象にもなりません。これらが指す「配偶者」や「親族」は、民法の規定による法律上の「配偶者」及び「親族」であることが必要とされているのです。

　こうして、2人で一生懸命働いた結果、ようやく少しばかり財産と呼べるようなものを築きあげることができました。当初は借家暮らしでしたが、自宅を持つこともできました。当初は賃借だったスナックも、自前の店を持つまでになりました。がむしゃらに働いてきた20年間でしたから、自宅の名義も、その他の不動産の名義も、深く考えることなくすべてBさんの名義でした。男性の名義の方が不動産屋に足下を見られないだろうという考えがあったからです。

「内縁の夫」の突然の死で不動産贈与の計画がとん挫

　事実上の結婚生活が始まって、20年が経ったとき、相続や贈与を一切考えずに突っ走ってきたことを後悔させられました。Bさんが自宅の名義をAさんに移したいと考えたことがきっかけでした。

　居住用不動産を妻に贈与するにあたっては、婚姻期間が20年以上あれば特例により２０００万円までが非課税となります。基礎控除の１１０万円をあわせれば２１１０万円までが非課税で贈与できるのです。しかし、この制度は内縁の妻には適用されないということが分かったのです。税務署にもかけあいましたが内縁の妻にはこの特例は適用されないとの一点張りでした。このようないきさつがあり、名義を分割するのは相続のときまで待とうということになりました。同時に、将来についてきちんとした対策の必要性を認識し、遺言によりAさんと子供たちの最低限の権利は保護すること。そして子供たちとは養子縁組みし、法律上の子供とすることも計画していました。

　ところが、Bさんは不慮の事故で亡くなってしまいました。居住用不動産の贈与の件がありましたから、将来への不安に備えていろんな対策を行おうとしていた矢先のことでした。しかし、それを実行する前に、Bさんは亡くなってしまいました。Aさんは内縁の妻のままです。子供達たちもBさんと養子縁組みしない限り、法律上の子供にはならないのだと、Bさんが亡くなってはじめて知りました。

　Bさんはまたしても取り返しのつかない誤りを犯したことを悔やみました。内縁の妻であるAさんに相続権はありません。そればかりか、子供たちにも法定相続分の半分しか相続権がないのです。そして、先妻との子供たちにも相続権があるのです。顔も見たことのない先妻の子供たちに、自分たちが築きあげた財産を横取りされるのは、決してよい気がするはずがありません。

内縁の妻が、遺贈、死因贈与、特別縁故者の申し立て、等により財産を取得した場合も、当然、相続税は課税されますが、配偶者控除は認められません。結局、Aさんはいくらかの現金を先妻の子供たちに渡し、自宅不動産とスナックの所有権は手に入れることはできました。しかし、配偶者であれば、相続税など払わなくて済んだのに、Aさんは相続税を支払わざるを得なかったのです。それどころか、内縁の妻は、相続税額が2割増しとなるのです。

非嫡出子への差別は明治の民法が発端

冒頭の非嫡出子の相続差別の発端は1898年（明治31年）にまで遡ります。明治民法は非嫡出子の遺産相続分を嫡出子の2分の1と定めたのです。その後、戦後昭和22年、現行民法もそのまま非嫡出子の遺産相続分は2分の1とする規定を引き継ぎました。これまで幾度かこの点が裁判上の争いにもなって来ましたが、法の下の平等に反するとは言えないとされてきました。

ところが、日本においても，家族の形や結婚、家族に対する意識が多様化し、海外でも1960年代から相続差別廃止が進んだ状況を考えると、子が自ら選び、正せない事柄を理由に不利益を及ぼすことは許されないとの考えが確立されてきて、今回の違憲判決に変わってきたと考えられています。

今回の最高裁の判決に対しても賛否両論があります。暗黙に婚外婚を容認するものであり、日本の家族制度の崩壊に繋がるのではないかと心配する人もいます。現実に即した柔軟な判断だと評価する人もいます。その人の置かれた立場の違いで受け止め方はそれぞれでしょう。しかし、頑なに変化を拒み続けてきた民法が、社会の変化を少しずつ受け入れ始めたのは事実です。

第2章

「争族」防止の切り札！
遺言書について知ろう

01

基礎編

絶対的な効力を持つ遺言とその例外

相続人全員が合意すれば遺言に反する遺産分割も可能

「遺言」には絶対的な効力がありますが、実際には遺言とは異なった形での遺産分割も行われています。相続人全員の合意があれば遺言に反する**遺産分割協議**も有効に成立します。

第1章では法定相続について触れました。民法は原則として、被相続人と一定の親族関係にあった者に財産を帰属させることとしています（法定相続人）。しかし、そのうえで、死者は自己の意思によって（その意思は遺言という形で表現される）自分の選んだ者（「受遺者」という）に財産を帰属させることができるとしています。これが遺言の法的な位置づけです。相続においては遺言が優先されることになります。

遺言がある場合には、原則として遺言に従って死者の財産の帰属が決定されます。これが遺言相続です。被相続人が遺産分割の方法を遺言により指定した場合には、原則として、相続人はその遺言内容に従った分割を行う必要があります。遺産分割方法の指定は遺言により行われることになりますが、実際には相続人が遺言内容に従わず、相続人間での協議による遺産分割を希望する場合も多々あります。

●**遺産分割協議**
相続人全員で故人の財産を誰にどのように分けるのかを決めること。詳細は130ページ参照。

|2-01|遺言で指定できること

1. 相続に関すること
・法定相続割合とは異なる割合の指定 ・法定相続人の廃除、またはその取り消し ・遺産分割方法の指定
2. 財産処分に関すること
・法定相続人以外への遺贈 ・社会に役立たせるための寄付 ・信託設定
3. 身分に関すること
・子供の認知・後見人および後見監督人の指定
4. その他
・遺言執行者の指定など

|2-02|相続人全員で中身を理解しよう

このように遺言内容と異なる遺産分割協議は認められるのでしょうか。

「相続人全員の合意」が意味するもの

民法では、「相続人全員の合意」による場合には、被相続人の遺言による遺産分割方法の指定に反する遺産分割協議も有効に成立するとしています。相続人全員が、遺言の存在を知り、その内容を正確に理解したうえで遺言の内容と異なる遺産分割協議書を作成すれば、その遺産分割協議書は有効な遺産分割協議書となります。

ただし、被相続人が**遺言執行者**を指定した場合は、遺言執行者が相続財産の**管理処分権限**を有するため、遺言執行者を加えたうえでの協議が必要です。

言い方を変えると、1人でも同意できない人がいれば、遺言通りに相続を行わなければならないということになります。

●**遺言執行者**
遺言内容を実現させるための手続き全般を行う人のこと。相続財産の管理や、その他遺言の執行に必要な一切の行為をする権利義務を持つことになるため、相続手続きにおいて重要な役割を有する。

●**管理処分権限**
相続財産の管理その他遺言の執行に必要な一切の行為をする権利と義務

基礎編

02

「自筆証書」「公正証書」「秘密証書」3つの遺言のメリットとデメリット

事情にあった遺言を作成して争いを避けよう

相続のトラブルを未然に防ぐための最も有効な手段は遺言書の作成です。個人の意思が明確に伝わり、残された親族が無駄に争わずに円満に相続を進めることができます。

相続をめぐるトラブルが急増していますが、その大部分は被相続人の最終意思がはっきりしていないことが原因です。さらに、遺言書があるがために争いに発展するケースがあることも認識しておく必要があります。この場合、遺言書の有効性をめぐり相続人間で利害が対立することが起こるのです。そのため、遺言で明確な意思表示を行い、争族のタネを残さないことが、遺族や相続人に対する思いやりともいえます。

では、どのような形で遺言をすればよいのでしょうか。遺言が有効であるためには、後述するように遺言者に遺言能力があること、および遺言の要式を備えていることが必要です。

民法は満15歳以上の者に遺言能力を認めています。ただし、満15歳以上であっても成年被後見人は遺言能力を欠いているものとして扱われます。もっとも、**成年被後見人**であっても、一切遺言書を作成することができないのではなく、意思能力を一時的に回復したときには、

●**成年被後見人**
精神上の障害等により判断能力を欠くとし

2-03 こんなときは遺言が無効になる可能性が・・・

遺言者に遺言能力がない

遺言書の様式を備えていない

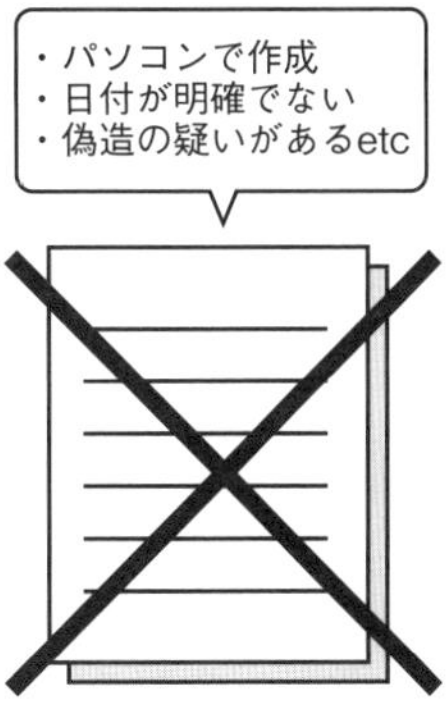
・パソコンで作成
・日付が明確でない
・偽造の疑いがあるetc

医師2人以上の立ち会いのもとで、特別な方式に従って遺言をすることができます。

定められた形式と方式が守られないと無効になる

遺言は遺言者の真意を確保し、同時に後の変造・偽造を防止するための厳格な要式行為であるとされています。これは、厳格な形式・方式が定められていることをいい、定められた形式・方式が守られていない場合、遺言が無効とされることがあるということです。

遺言の方式には、普通方式と特別方式とがあります。普通方式が本来の遺言の方式であり、民法には、「自筆証書遺言」、「公正証書遺言」、「秘密証書遺言」の3種類が規定されています。

これに対して、特別方式は、たとえば船舶が遭難した場合など、死亡の危急に迫り、普通方式に従った遺言をする余裕のない場合に用いられるものです。ここでは一般的な普通方式につ

て、家庭裁判所から後見開始の審判を受けた人。

いてのみ取り上げます。

「自筆証書遺言」は最も簡単に作成できる遺言であり、遺言者が、遺言の全文、日付および氏名を自書し、押印することで作成できます。簡単に作成できる反面、偽造や変造の危険があるほか、方式が誤っているため遺言そのものが無効となることもしばしばあります。

「公正証書遺言」は証人立ち会いのもとで公証人が作成し、公証役場で保管されるため、無効になるようなリスクは少ないですが、証人がいることから秘密は保てなくなります。

「秘密証書遺言」は他の形式の遺言のデメリットをカバーするものですが、2人以上の証人が必要であり、手間はかかります。

3種類の遺言には、それぞれ特徴があります。事情にあった遺言を作成し、自らの意思を正確に伝えることで、相続時の争いを未然に防ぐようにしましょう。

2-04 3種類の遺言書の比較

	自筆証書遺言	公正証書遺言	秘密証書遺言
作成方法	遺言者が、遺言の全文、日付および氏名を自書し、押印する	ア．証人２人以上の立ち会いのもとで、 イ．遺言者が遺言の趣旨を公証人に口授し（口頭で伝え）、 ウ．公証人が遺言者の口授を筆記し、これを遺言者および証人に読み聞かせ、または閲覧させ、 エ．遺言者および証人が、筆記の正確なことを承認したのち、各自これに署名押印する	ア．遺言者が遺言書に署名・押印したうえで、 イ．遺言書を封じ、遺言書に用いたものと同一の印章により封印し、 ウ．公証人および証人２人以上の前に封書を提出して、それが自己の遺言書である旨ならびに筆者の氏名および住所を申述し、 エ．公証人が遺言書を提出した日付および遺言者の申述を封紙に記載した後、遺言者および証人とともにこれに署名・押印する
証人の要否	不要	２人以上	２人以上
費用	不要	作成手数料が必要	作成手数料が必要
封印の要否	不要（封印も可能）	不要（封印も可能）	必要
秘密保持	遺言の存在自体を秘密にできる	遺言の事実と内容が証人に知られる	遺言の事実は知られるが、内容は本人以外に秘密にできる
検認の要否	必要	不要	必要
保管	遺言者本人	公証役場で保管	遺言者本人
その他	・紛失、偽造、変造の危険がある。 ・方式を誤ったがゆえに遺言が無効となる可能性がある。 ・文意が不明確などの理由により、効力が問題となる可能性がある。	偽造・変造・隠匿等のおそれがない	・遺言書の内容を誰にも知られることがない（公証人および証人にも知られることはない）。 ・遺言者の署名・押印があれば、本文は代筆・ワープロ・点字などで記載してもよい。

基礎編

03

自分で遺言を書く際に気をつける点

要件を守れば1人でも作成は可能

遺言書の種類は3種類。最も手軽に遺言を残せるのが「自筆証書遺言」です。反面、形式が整っていないために、遺言が無効となることもありますので、注意が必要です。

法的に効力のある遺言にするためには、一定の要件を満たす必要があります。その要件を満たさなければ、せっかくの遺言は無効となるばかりか、その有効性をめぐり、別の争いが起きることもあります。自筆証書遺言が有効とされるためには次の要件を備えていなければなりません。

①遺言者が遺言の全文を自署すること

代筆やワープロ、パソコンによって作成された遺言は無効となります。

②遺言者が作成日付を正確に自署すること

作成した年月日の記載がない遺言は無効です。なぜ、日付が必要かというと、内容の異なる遺言書が複数見つかった場合、後の遺言に従って相続がなされることになるからです。

ちなみに、「吉日」と書かれた日付は判例では無効とされています。これに対し、「還暦の日」という表示であれば、日付の記載として有効であると考えられます。すなわち、遺言者の「還暦の日」であれば日付を特定することが客観的に可能だからです。日付が特定できるか否かという点によって、有効・無効の判断が分かれます。

③遺言者が押印すること

印は三文判でも有効です。民法は「印を押さなければならない」と規定しているだけで、使用する印章には何の制限も設けていません。したがって、三文判であろうと実印であろうと印が押されていれば足り、自筆証書遺言としての要式は備えていることになります。勿論、後に遺言書の有効性について揉めることのないよう実印での押印が望ましいことは言うまでもありません。

以上の3点をおさえれば、「自筆証書遺言」の様式は満たしており、遺言は有効に成立します。しかし、他にも気をつけておいた方がよい点をあげておきます。

④遺言書が2枚以上になった場合

偽造や変造を防ぐためにそれぞれの上端をのり付けするとともに、署名の下の押印と同じ印章により、割り印を行います。

⑤遺産の内容は正確に記載すること

不正確な記載がトラブルに発展することもあります。誤りが多いのが預貯金と、不動産の記載です。銀行名、支店名、口座種別、口座番号を正確に記載してください。口座を正確に特定する必要があります。不動産についても同様です。1つの地番の土地の上に複数の建物が存在していることもあります。登記簿謄本と照らし合わせて、所在地番や地積、持分等を正確に記載するようにしてください。

自筆証書遺言は要件を守り、適切に作成すれば1人で作成が可能です。しかし、内容が不明瞭であることや、要件を満たしていなければ、かえってトラブルのもとにもなりますので、作成の際には専門家の助言を求めるとよいでしょう。

以下に2つの事例をあげました。遺言について理解が深まると思います。

事例1「遺言は絶対に撤回しない」と記載した後に内容を変更できるか

遺言者が公正証書遺言の内容の変更を希望している場合には、いったん有効に遺言が成立しても、遺言者は、遺言の効力発生のときまで、いつでも遺言の全部または一部を自由に撤回できます。

前の遺言と抵触する遺言を作成したときは、**抵触**する部分については、後の遺言で前の遺言を撤回したものとみなされます。なお、前の遺言と後の遺言の方式が異なってもよく、前の遺言が公正証書遺言により作成されていたものであっても、後に自筆証書遺言により撤回することが可能です。

また、遺言書に「この遺言は絶対に撤回しない」旨の記載をしたとしても、遺言の撤回権を予め放棄することはできないとされており、このような記載は無意味です。

したがって、新たに遺言書を作成することで、前の遺言を撤回することが可能です。

事例2 夫婦が連名で作成した遺言書は有効か

夫婦が連名で1通の遺言を作成した場合、このような遺言は有効でしょうか。

民法は、共同遺言（2人以上の者が同一の証書でなす遺言）を禁止しています。なぜなら、共同遺言を許すと、自由な撤回ができなくなり、遺言者の最終意思の確保という遺言の趣旨が阻害されるからです。したがって、事例にあるように、夫婦が連名で作成した遺言は無効です。この場合、他に遺言書が存在しなければ、法定相続分に従って（あるいは相続人による遺産分割協議に従って）、相続がなされることとなります。

●抵触
前の遺言と後の遺言とで矛盾していること。

基礎編

04

自筆証書遺言のサンプル事例

無効にならないよう要件・形式は要チェック

自分で作成できる自筆証書遺言の書き方は簡単ですが法律に定められた要件や形式があります。要件・形式に不備があった場合に自筆証書遺言が無効になってしまいますので十分気をつけましょう。

自筆証書遺言は費用をかけずに、いつでも好きなときに作れる、最も簡単な遺言です。ただし、法的に効力のある遺言とするためには、一定の要件を満たす必要がありますので、記載例を参考に作成してみましょう。

① 紙、ペン、印鑑、封筒を用意

紙は耐久性の高いもの、ペンは改ざんのおそれがないボールペン等（当然消せるボールペンはダメ）、印鑑は実印が望ましいです。

② 文例にしたがって自筆で書く

タイトルを含め、全て自筆で書いてください。書き間違った際には、押印に使う印章に

2-06 遺言書のサンプル（本文）

遺言書

遺言者　鈴木太郎は、この遺言書により次の通り遺言する。

1．妻　鈴木美子に次の財産を相続させる。

(1)　土地

所在　東京都中央区○○町
地番　○○番○
地目　宅地
地積　100.45㎡

(2)　建物

所在　東京都中央区○○町○○番地
家屋番号　○○番○
種類　居宅
構造　木造瓦葺き2階建
床面積　1階84.28㎡　2階33.87㎡

2．長男　鈴木一郎に次の財産を相続させる。

(1)　預貯金

東京銀行日本橋支店の遺言者名義の預金すべて。

3．遺言者は、本遺言状に記載のない一切の財産を妻美子に相続させる。

201○年○月○日
東京都中央区○○町○○番○号
遺言者　鈴木太郎　○印

ポイント1
相続人に相続させる場合には「相続させる」、相続人以外の場合は「遺贈する」と書く。

ポイント2
財産の内容が特定できるように書くよう心がける。口座を指定する場合には、預金種別・口座番号を正確に記載する。

ポイント3
不動産の記載は登記簿謄本を参考に、正確に記載する。

ポイント4
作成年月日が特定できるように記載。「○月吉日」のような日付が特定できないものは無効。住所と氏名を署名して押印（三文判でも可能だが実印が望ましい）。

より訂正することも可能ですが、最初から書き直すことが望ましいです。

③ **封筒に入れて封印**

最後は封筒に入れて封印します。これが遺言書である旨記載しておく方が良いでしょう。「開封厳禁　この遺言書を発見したものは、家庭裁判所に遺言書検認の申立を行うこと」と、書いておきましょう。

自筆証書遺言作成の注意点

自筆証書遺言は、公正証書遺言と比べて手軽に作成ができますが、法的に不備のある遺言を作成しないような注意が必要です。せっかく遺言を作成したにも関わらず、いざ相続の場面になって法的に無効であると認定されてしまいますと、故人の意思が実現されなくなってしまうためです。このため遺言を作成後は、弁護士や行政書士等の専門家に内容をチェックしてもらう等して、法的に要件を満たす遺言を作成することが望まれます。

また財産の記載については、後で特定できるように、詳細を記述しておくとよいでしょう。例えば同一地域内に土地が複数あるような場合に、土地については長男と二男に相続させるという土地の詳細を明記しないような内容の遺言を作成してしまうと、後でトラブルになってしまうことが想定されます。不動産であれば登記簿謄本の内容を記載する、預貯金は銀行名・支店名・口座番号等を記載するといったように財産の所在や内容が不明確にならないように明記することが必要です。

2-07 遺言書のサンプル（封筒）

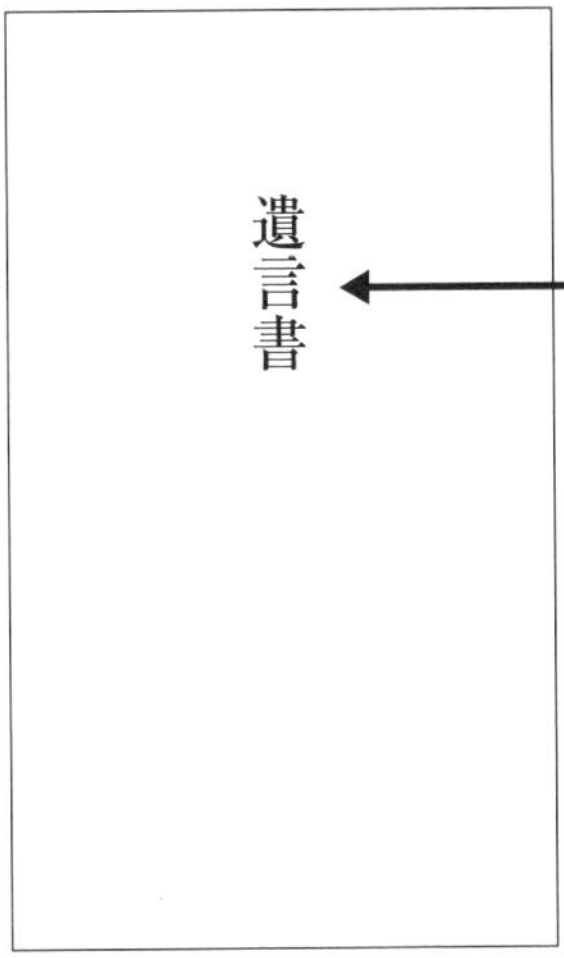

ポイント1
表紙に「遺言書」であることを明記しておく

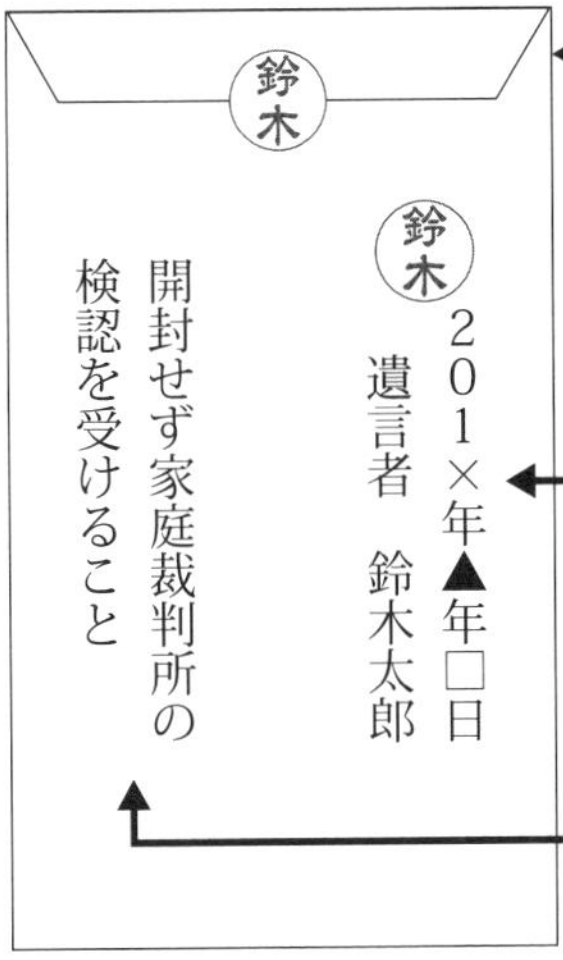

ポイント2
封筒に入れた後は、のり付け等で封をする

ポイント3
作成日付や氏名の記入もあると親切

ポイント4
検認が必要である旨を記載しておくとより確実

05

基礎編

家庭裁判所で行われる自筆証書遺言の検認

遺言書を発見したら検認を受けよう

自分にとって不都合な内容が書かれていないか心配で、相続人の中の1人が勝手に遺言書を開封してしまうような場合も実際にあります。遺言書の保存を確実にして後日の変造や隠匿を防ぐためには、遺言書の開封は、証人がいる家庭裁判所で行うことが必要です。

自分に不利な内容の遺言が書かれていないか確認するために封印されている遺言書を相続人が勝手に開封してしまえば、どのようなことになるのでしょう。

民法は遺言の執行のためには、公正証書遺言を除き、家庭裁判所で検認の手続きを経なければならないとしています。

そして、封印のある遺言書は、家庭裁判所において相続人またはその代理人の立ち会いがなければ、開封することができないこととしています。

検認とは、遺言書の保存を確実にして後日の変造や隠匿を防ぐ一種の証拠保全手続きです。そのため、変造や隠匿のおそれが極めて少ない公正証書遺言の場合には検認手続きは不要とされていますが、自筆証書遺言や秘密証書遺言では検認手続きが必要です。

2-08 検認手続きのイメージ

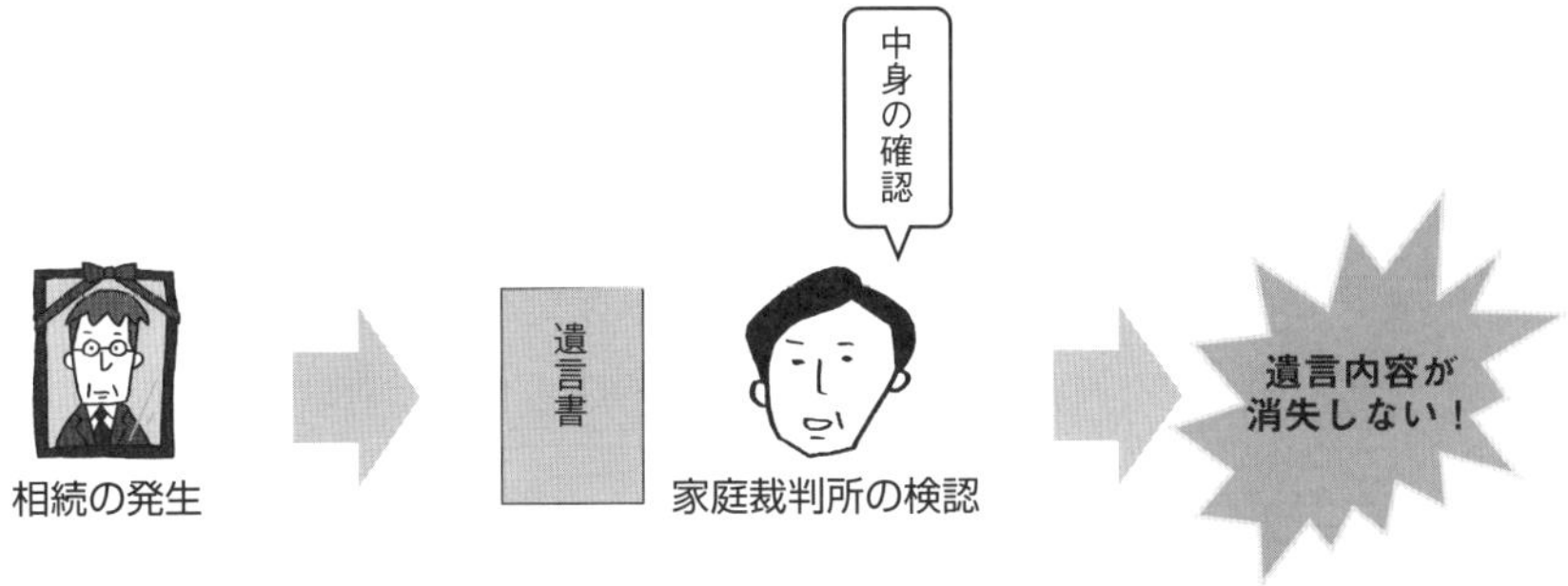

検認を受ければ遺言内容は消失しない

検認を怠ったり、封印のある遺言書を検認手続きを経ないで開封したりすると、それぞれ5万円以下の**過料**が課せられます。しかし、検認手続きを怠り、あるいは検認手続きを経ずに開封しても、その遺言の有効性に影響は与えません。つまり、遺言が要件を満たしている限り、有効なのです。

さて、遺言書の保管者または遺言書を発見した相続人はどのようにそれを扱わなければならないのでしょうか。遺言者の死亡を知った後、遅滞なく遺言書を家庭裁判所に提出して、その「検認」を受けなければなりません。

検認は遺言書の有効・無効を判断するものではありませんが、検認を受ければ、遺言の内容を勝手に変えることはできなくなりますし、ましてや破り捨てや、燃やされたとしても、遺言内容が消失してしまうことはありません。

●**過料**
国や地方公共団体が定める行政罰。

遺言信託も検討してみよう

ところで、最近では信託銀行が遺言を預かり執行を代行する「遺言信託」の利用が広がっています。

遺言信託は、信託銀行が公正証書遺言の作成を手伝い、保管するというものです。そのため、紛失や盗難の心配がなく、公正証書遺言であるから、相続人が死亡したときにも、家庭裁判所の検認の必要はありません。また、信託銀行は、遺言に基づき遺産を配分する遺言執行までを引き受けます。遺言信託は、遺言の方式としては公正証書遺言として扱われます。

こうしたサービスを利用するのも、1つの方法です。

2-09 遺言書の検認手続き

申立人

・遺言書の保管者

・遺言書を発見した相続人

申立先

・遺言者の最後の住所地の家庭裁判所

申し立てに必要な費用

・遺言書（封書の場合は封書）1通につき収入印紙800円分

・連絡用の郵便切手

申し立てに必要な書類

・申立書

【共通】

1. 遺言者の出生時から死亡時までのすべての戸籍（除籍、改製原戸籍）謄本
2. 相続人全員の戸籍謄本
3. 遺言者の子（及びその代襲者）で死亡している者がいる場合、その子（及びその代襲者）の出生時から死亡時までのすべての戸籍（除籍、改製原戸籍）謄本

【相続人が遺言者の配偶者と**直系尊属**の場合】

4. 遺言者の直系尊属※で死亡している者がいる場合、その直系尊属の死亡の記載のある戸籍（除籍、改製原戸籍）謄本

【相続人が不存在の場合、遺言者の配偶者のみの場合、または遺言者の配偶者と**傍系血族**の場合】

5. 遺言者の父母の出生時から死亡時までのすべての戸籍（除籍、改製原戸籍）謄本
6. 遺言者の直系尊属の死亡の記載のある戸籍（除籍、改製原戸籍）謄本
7. 遺言者の兄弟姉妹に死亡している者がいる場合、その兄弟姉妹の出生時から死亡時までのすべての戸籍（除籍、改製原戸籍）謄本
8. 代襲者としてのおい、めいに死亡している者がいる場合、そのおい又はめいの死亡の記載のある戸籍（除籍、改製原戸籍）謄本

●**直系尊属**
父母・祖父母等などの第2順位相続人（詳細は7ページ参照）

※相続人が祖母の場合、父母と祖父などのように相続人と同じ代及び下の代の直系尊属に限る

●**傍系血族**
兄弟姉妹及びその代襲者（おい、めい）などの第三順位相続人（詳細は7ページ参照）

06

基礎編

遺言でも侵害できない相続人の最低限の権利「遺留分」

遺言でも侵害できない最低限の権利

まるでドラマのような話ですが、「全ての財産を愛人に相続させる…」。こんな遺言をされたらどうすれば良いのでしょうか。残された相続人の生活にも大きな影響を及ぼしてしまいます。この点、民法は、相続人に遺言によっても侵害することができない最低限の権利を保証しています。それが「遺留分」です。法定相続分よりも少ない割合ですが、配偶者、子、父母であれば遺留分の請求を行い、相続分を受け取ることができます。

遺産分割は遺言に基づいて行われます。ところが、遺留分という制度があり、遺留分を害するような遺言に対しては、遺言書に書かれた遺贈や贈与の減殺を請求できます。減殺とは、その効力を遺留分額に限って、なくしてしまうことです。したがって遺言者の思惑とは異なり、遺言どおりに相続財産が分けられるとは限らず、遺留分減殺請求がなされるケースも見られます。

「すべての財産を愛人に遺贈する」などと、なまじ被相続人の意思が遺言書に記載されれば、いわゆる相続争いは目に見えています。遺留分を害された側からすれば、遺言者に裏切られ

2-10 遺留分減殺請求のイメージ

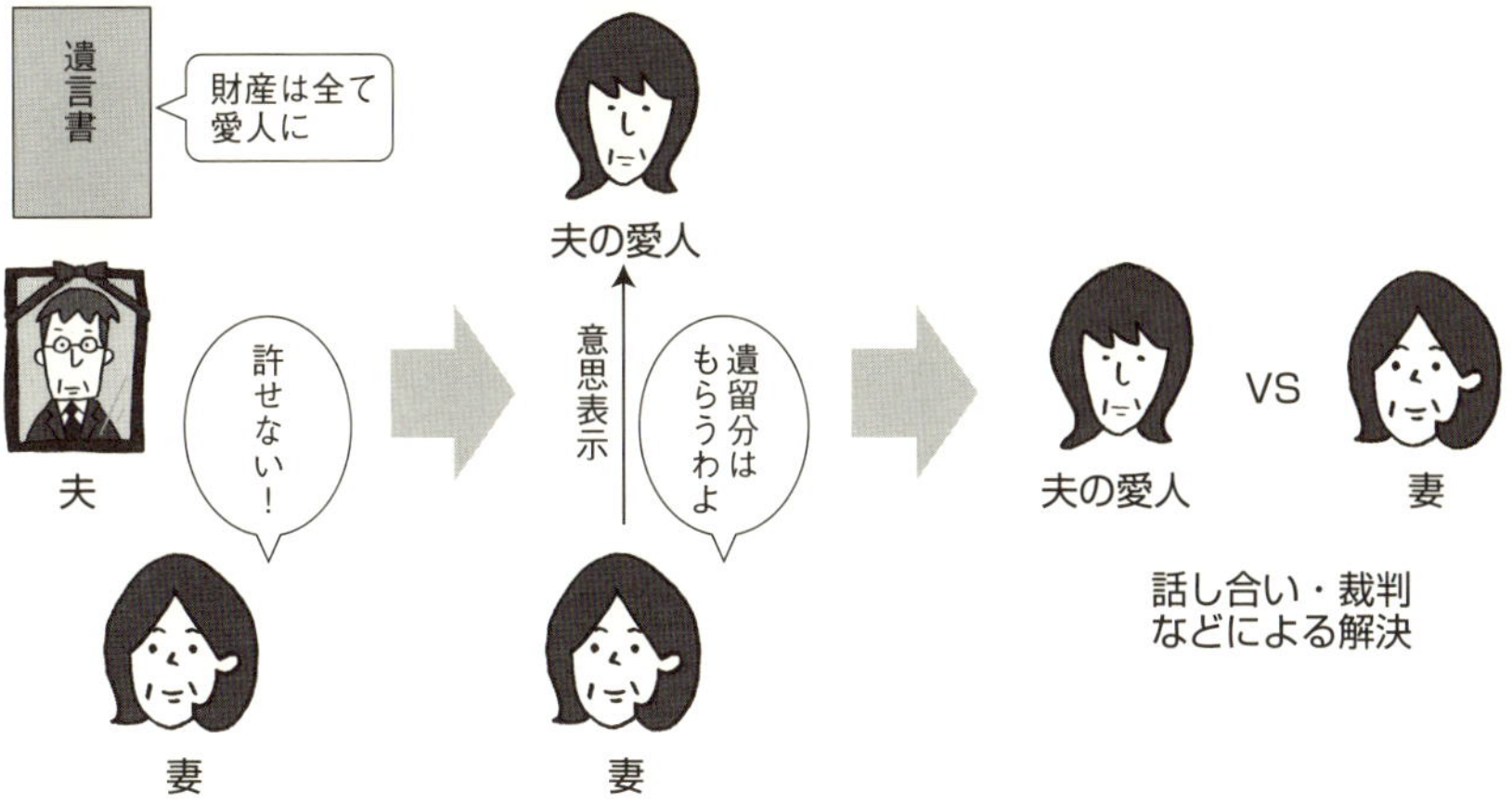
遺言書
財産は全て
愛人に
夫
許せない！
妻
夫の愛人
意思表示
遺留分は
もらうわよ
妻
夫の愛人
VS
妻
話し合い・裁判
などによる解決

たような気持ちになることが多く、かといってその時点では遺言者は既に亡くなっているので、その怒りの矛先は、遺言書で有利に取り扱われている相続人に向かってしまいます。

この制度は昭和27年の民法改正で導入されました。それまでの家督相続ではなく遺された配偶者や子の保護の要請から、このような制度が規定されたのです。ただし、法定相続分全額が遺留分として保護されるわけではありません。また、法定相続人全員の遺留分が保護されるのではなく、兄弟姉妹には遺留分はありません。

1年以内に請求しなければ時効消滅するので注意

このような遺留分の制度ですが、現実にその権利を行使する減殺請求については、相続の開始と減殺ができる遺贈や贈与があったことを知ったときから1年以内に請求しなければ時効消滅してしまいます。また、相続の開始から10

年を経過したときにも時効により消滅します。

遺留分減殺請求の方法には特に定めはなく、受遺者に対する意思表示だけでも効力が生じ、必ずしも裁判上の請求をする必要はありません。通常は、弁護士に相談し、内容証明郵便によりその意思表示を行い、話し合いで折り合いがつかなければ、調停が行われ、最終的には裁判という流れになります。

2-11 遺留分の割合

法定相続人	遺留分	相続人が複数いる場合の内訳			
子と配偶者	$\frac{1}{2}$	$\frac{1}{4}$	配偶者	遺留分（$\frac{1}{2}$）×法定相続分（$\frac{1}{2}$）	
		$\frac{1}{4}$	子	遺留分（$\frac{1}{2}$）×法定相続分（$\frac{1}{2}$）	※子が複数の場合は人数割り
子のみ	$\frac{1}{2}$ ※子が複数の場合は人数割り				
配偶者のみ	$\frac{1}{2}$				
配偶者と直系尊属	$\frac{1}{2}$	$\frac{1}{6}$	配偶者	遺留分（$\frac{1}{2}$）×法定相続分（$\frac{1}{3}$）	
		$\frac{1}{6}$	直系尊属	遺留分（$\frac{1}{2}$）×法定相続分（$\frac{1}{3}$）	
直系尊属のみ	$\frac{1}{3}$ ※直系尊属が複数の場合は人数割り				
配偶者と兄弟姉妹のみ	$\frac{1}{2}$	$\frac{1}{2}$	配偶者		
		なし	兄弟姉妹		
兄弟姉妹のみ	なし				

07

遺留分の生前放棄をする方法

生前放棄をするにはいくつもの超えるべきハードルがある

遺言書を遺したとしても、相続人の権利は**遺留分**により保護されます。しかし、遺留分がかえってトラブルになることもあります。相続権は生前放棄できませんが遺留分は生前放棄が可能です。

「遺留分」という考え方が時代に合わなくなってきているのは事実です。配偶者が保護されるのは妥当性があるとしても、両親や、すべての子が平等に遺留分という権利を持っていると、せっかくの遺言がかえってあだになることも往々にしてあります。すべてのケースでこれらの相続人が、遺留分を保護されるに相応しいかというと、必ずしもそうではないと思います。

やむをえない諸事情で財産を一定の人に集中させる必要があるとしましょう。他の相続人に今すぐ相続権を放棄させることができれば、問題はありませんが、民法ではそれは認められていません。生前に相続権を放棄することはできないのです。

①虐待をし、②重大な侮辱を加え、または③その他著しい非行がある推定相続人には、被

●**遺留分**
遺言によっても侵害することのできない相続人の最低限の権利。故人との関係性によって割合や遺留分の有無が異なる。

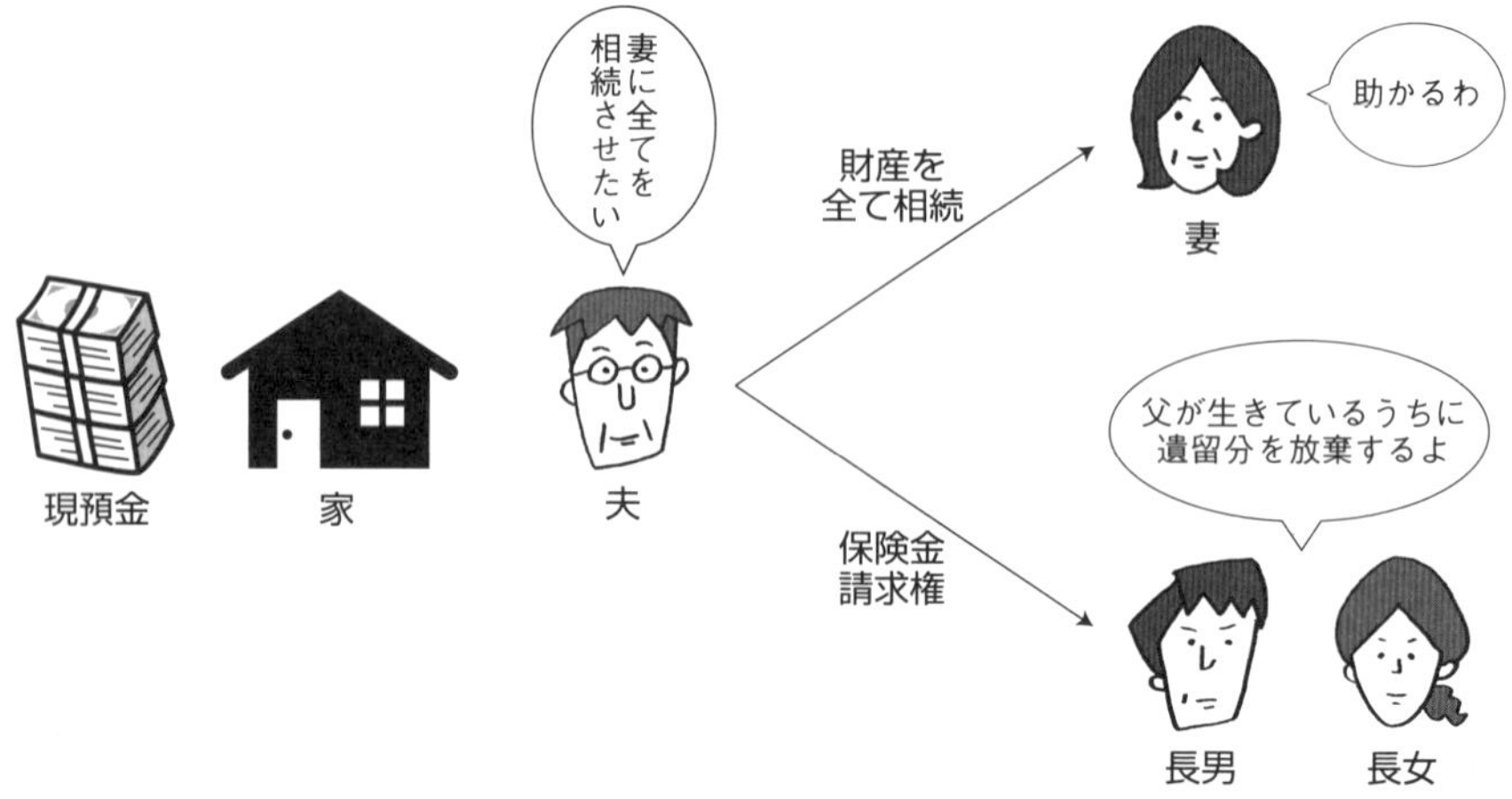

相続人は家庭裁判所に**相続人の廃除**の請求をすることができます。しかし、余程のことがなければ裁判所では排除は認められません。排除の請求は、そもそも円満に話し合いで解決することは想定されていません。

遺留分の放棄は家庭裁判所の許可が必要

そこで、一定の人に財産を相続させる、または遺贈するというような遺言書を書き、それに対して遺留分を持つ相続人に、あらかじめ遺留分の放棄をしてもらう方法が考えられます。

しかし、この放棄は、家庭裁判所の許可がなければ効力を生じません。裁判所の許可の基準については、必ずしも明確ではありませんが、①放棄が放棄者の真意に出たものであること、②放棄に合理的・必然的理由があること、③放棄に対する**代償財産**の提供があること等が要素となります。

このように遺留分の放棄という方法もありま

●**相続人の廃除**
虐待や重大な侮辱を加えた時や、著しい非行があった時に相続権を奪う制度。

●**代償財産**
相続人が、他の相続人より多くの遺産を相続する代わりに、他の相続人に対してその差額分を金銭等で代償に充てる際の財産すが、そもそも相続人が事前にわざわざ権利を放棄するのかという根本的な問題があります。そういう場合にとる対策の一つとして生命保険があります。

生命保険は被保険者の死亡により、保険金受取人が保険金を受け取ることになります。つまり、法定相続分や遺産分割協議とは関係なく保険金を指定した者に遺すことができるのです。

遺留分の放棄は行わず、保険金の受取人を一定の人に集中させ財産を相続させるという方法でも構いません。また、遺留分を持っている相続人に、保険金請求権と引き替えに遺留分を放棄してもらうという方法もあります。

このように、遺言によってどのような遺産の分割でも自由にできるわけではないということを事前に知っておく必要があります。しかし、対策はあります。事前の準備が必要ですから、家族間でも十分に話し合う必要があります。

2-13 遺留分の生前放棄

申立人

・遺留分を有する相続人

申し立ての期間

・相続開始前（被相続人の生存中）

申立先

・被相続人の住所地の家庭裁判所

申し立てに必要な費用

・収入印紙 800 円分

・連絡用の郵便切手

申し立てに必要な書類

・申立書

・標準的な申し立て添付書類

→被相続人の戸籍謄本（全部事項証明書）

→申立人の戸籍謄本（全部事項証明書）

08 専門家が公正証書遺言を勧める理由

手間や作成費用がかかるが「確実さ」のメリットは大きい

遺言には「自筆証書遺言」「公正証書遺言」「秘密証書遺言」の3つの方式があります。確実に遺言内容を実現するためには、公正証書遺言が最も適しているため、多くの専門家は公正証書遺言をすすめています。その理由は次の通りです。

①無効になる可能性が極めて低い

遺言を公正証書で作る場合は、公証役場に赴き、公証人（元裁判官、元検察官など）に書面を作ってもらいます。そのため、必ず1回は専門家のチェックが入るので、遺言を書く上で守らなければいけないルールに則った遺言書が作成されます。

②紛失・偽造・改ざんの危険性がない

遺言公正証書の場合、原本は公証役場にて、保管されます。したがって、遺言書を紛失したり、内容を書き換えられたり、破り捨てられてなくなってしまったり、というような心配がありません。

2-14 公正証書遺言のメリットとデメリット

公正証書遺言のメリット

①公証人が作るので、基本的には正確に作成される
②遺言原本が公証役場で保管されるので、偽造や変造の恐れがない
③遺言原本が公証役場に保管されているので、紛失しても謄本を発行してもらえる
④自筆証書遺言のような家庭裁判所による検認は不要
⑤遺言登録システムにより、いつどこで公正証書遺言を作成したのか確認できる
⑥遺言者が病気などにより署名ができない場合でも、公証人が理由を付記して署名に代えて作成することができる
⑦耳が不自由な人や発話が不自由な人でも手話や筆談などで作成することが可能

公正証書遺言のデメリット

①公証人に支払う手数料など費用がかかる
②原則は公証役場へ出向く必要がある
③証人２人を用意する必要がある
④公証人との事前調整などが必要なので、作成まで時間がかかる

③すぐに相続手続きに進める

自筆証書遺言の場合、遺言書を勝手に開封することは認められません。

自筆の遺言書は、必ず家庭裁判所で、**検認**という手続きを受けなければなりません（裁判所から相続人全員に検認日の通知がなされます）。この検認手続きは、公正証書遺言の場合不要ですので、相続発生後の事務処理が楽です。

④証拠能力が高い

自筆証書の場合、「本当に本人が書いたものか？」「すでに認知症だったのでは？」「誰かにそそのかされて書いたのでは？」などと疑われる可能性があります（特に遺言書の内容が不利だった相続人から疑われやすいです）が、公正証書遺言の場合には、公証人および証人の前で作成するため、本人の意思にもとづいて作成されたことの証拠能力が高い

●**検認**
家庭裁判所が遺言の存在を確認するための手続き。

のです。万が一、争いが発展し裁判までいった場合、自筆証書よりも公正証書遺言は証拠能力が高いといえます。

⑤口頭で公証人に伝えるだけで作成可能

遺言公正証書の場合、遺言書に記載したい内容を公証人に〝口頭〟で伝えれば良いので、全文を自分の手で書く必要がありません（メモ書きにして渡しても構いません）。

少しでも費用を抑えたい方や、公証人や立ち会い証人に囲まれる状況に耐えられない、さらには余命がいくばくもなく、公正証書作成の手続きを踏んでいる余裕がないという事情の方もおられるでしょうが、確実に被相続人の意思を伝えるためには公正証書遺言がベストといえます。

2-15 公正証書遺言を作成する前の準備

① 遺言の原案を考えておく（どのような内容の遺言にするかメモにしておく）

② 公証役場に出向き、公正証書遺言の作成を依頼し、打ち合わせを行う。

→打ち合わせに必要な書類

・遺言者の印鑑証明書

・遺言者と相続人との続柄がわかる戸籍謄本

・受遺者の住民票

・不動産登記事項証明書と固定資産税評価証明書

・証人予定者の氏名・住所・生年月日・職業を記載したメモ

③ 証書（遺言書）の文案を確認する

→遺言当日前に証書の文案が作成されるのが通常なので、内容をチェックしておく

※文案の確認が済めば、あとは公証人と決めた遺言当日を待って証人と同行する

09

公正証書遺言作成の流れと費用

公証人に自分の考えている遺言を伝えれば書面にしてくれる

公正証書遺言の作成は公証人役場へ証人とともに出向く必要があるため、面倒に考えておられる方もおられるでしょう。ここでは遺言作成の流れと費用について説明します。

公正証書で遺言することは、決して面倒なことではありません。遺言をする本人が公証役場へ行って、公証人に対し自分の考えている遺言の内容を直接口述すれば、公証人がその内容を書面（公正証書）にしてくれます。遺言者本人が病気などで役場へ出て行けないときには、公証人が自宅や病院まで出張してくれます。

公正証書を作成する公証人というのは、①裁判官、②検察官、弁護士の資格を有する者、②法務局長、司法書士等多年法務事務に携わり①の者に準ずる学識経験を有する者の中から、法務大臣が選任する国の公の機関の者です。

公証人に公正証書遺言の作成を頼むには、あらかじめ、①本人の印鑑登録証明書②証人になってくれる人を2名決め、その住所、職業、氏名及び生年月日を書いたメモ（又は住民票）③財産をもらう人が相続人の場合は戸籍謄本及び住民票、その他の場合は住民票④遺

2-16　公正証書遺言作成のイメージ

言の内容が土地、家屋であるときには、その登記簿謄本（または権利証書等）、**固定資産税評価証明書**などを用意して持参することです。くわしいことは、あらかじめ公証人に相談すると丁寧に教えてくれます。

事情があれば公証人が自宅や病院に出張してくれる

公正証書遺言は、遺言者が公証人に対して遺言の内容を口述し、公証人が筆記するので、文字を書けない人でも遺言をすることができます。それに対し、自筆証書遺言は自署の必要があります。

また、言葉が不自由な人も自筆や通訳人の通訳によって遺言内容を伝え遺言することができます。そして、遺言の筆記が終わると、公証人は遺言者本人と立ち会った証人にそれを読んで聞かせます。これは、筆記の内容が遺言したことと違っていないかどうかを確かめるためで

●**固定資産税評価証明書**
審判の結果が確定したことを証明する書類。

2-17 公正証書遺言作成にかかる費用

目的財産の価額	手数料
100 万円以下	5000 円
100 万円を超え 200 万円以下	7000 円
200 万円を超え 500 万円以下	1 万 1000 円
500 万円を超え 1000 万円以下	1 万 7000 円
1000 万円を超え 3000 万円以下	2 万 3000 円
3000 万円を超え 5000 万円以下	2 万 9000 円
5000 万円を超え 1 億円以下	4 万 3000 円
1 億円を超え 3 億円以下	4 万 3000 円に 5000 万円までごとに 1 万 3000 円を加算
3 億円を超え 10 億円以下	9 万 5000 円に 5000 万円までごとに 1 万 1000 円を加算
10 億円を超える場合	24 万 9000 円に 5000 万円までごとに 8000 円を加算

す。耳が不自由な人も、通訳人の通訳や遺言書を閲覧することによって確認することができます。間違いのないことを確かめたら、遺言者と証人がそれぞれ署名押印します。もし、遺言者が自分の氏名を書けないときは、公証人が代わって遺言者の氏名を書いてくれます。なお、このとき遺言者が使用する印鑑は、原則として、印鑑登録をした実印でなければなりません。そのため、遺言者は、その印鑑が確かに本人の実印であることを証明するために印鑑登録証明書を持参する必要があります。ただし、証人２人の印鑑は実印でなくても差し支えありません。したがって、証人について印鑑登録証明書は不要です。

もし、入院中などで公証人役場へ行くことができない場合は、公証人に自宅や病院に出張してもらうこともできます。ただし、出張料や交通費は別途必要となります。公正証書遺言作成にかかる費用は右ページのとおりです。財産価格を基準に、基本手数料及びその他の手数料が発生します。

公正証書遺言の作成手数料は、遺言により相続させまたは遺贈する財産の価額を目的価額として計算します。

遺言は、相続人・受遺者ごとに別個の法律行為になります。数人に対する贈与契約が1通の公正証書に記載された場合と同じ扱いです。したがって、各相続人・各受遺者ごとに、相続させまたは遺贈する財産の価額により目的価額を算出し、それぞれの手数料を算定し、その合計額がその証書の手数料の額となります。

例えば、総額1億円の財産を妻1人に相続させる場合の手数料は、右ページの方式により、4万3000円ですが、妻に6000万円、長男に4000万円の財産を相続させる場合には、妻の手数料は4万3000円、長男の手数料は2万9000円となり、その合計額は7万2000円となります。ただし、手数料令19条は、遺言加算という特別の手数料を定めており、1通の公正証書遺言における目的価額の合計額が1億円までの場合は、1万1000円を加算すると規定しているので、7万2000円に1万1000円を加算した8万3000円が手数料となります。

10

基礎編

遺言を作成しておくべきなのはこんな人

遺産が少なくても「争族」にならないよう検討しよう

問題は遺産の多寡ではありません。「相続トラブル」になりやすいケースは、故人の意思がはっきりしていなかった場合が大半です。「相続」が「争族」に発展しないよう、遺言書の作成を検討してみましょう。

遺産分割のトラブルは、遺産の多い少ないにかかわらず起こります。むしろ、相続税のかからない少額の相続のほうがタチの悪いトラブルに発展し、しかも長引くというのが現実です。相続税の申告というタイムリミットがないだけ、延々とモメ事が繰り返されます。

特に自身や配偶者に離婚歴がある、再婚である、連れ子がいるといった場合には法定相続人の特定が難しくなるので遺言書を遺しておくことが望ましいです。

また、最近はペットに関する遺言を書く人が増えているそうです。愛するペットの終生飼育を条件として、信頼できる人や団体に飼育手数料として、財産を譲るという「ペットのための遺言書」です。ただし日本の法律では、ペットは「物」として扱われており、財産を持つ権利は認められていません。「飼い犬のタローに全財産を譲る」というような遺言はできませんので注意してください。

2-18 遺言を作成しておくべき7つのケース

1. 相続権がない人に財産を与えたいとき

・息子の妻（娘の夫）や内縁の妻に財産を与えたい、世話になった友人や恩人などに報いる場合

2. 先妻の子と、後妻ならびにその子がいる場合

・先妻の子と後妻の子とは相続においては平等に扱われるが、先妻が子を引き取って何十年も行き来していない子がいた場合などには、先妻の子と後妻との間に感情的な対立がはじまり、争いになるという例はよくある

3. 財産を与えたくない人がいるとき

・長年別居している配偶者、老後（病身）の面倒を見てくれない子ども、素行の悪い子どもがいる場合

4. 家業の継続を望むとき

・後継者にしたい人がいる場合、遺言で事業用資産や農地などを後継者に相続させるように指定しておくとよい

5. 財産の大部分が土地や建物などの不動産の場合

・不動産は法定相続通りに分けようとしても分割するのが難しく、立地によっては現金化も難しい

6. 夫婦間に子どもがなく配偶者と被相続人の兄弟姉妹が相続人の場合

・兄弟姉妹などに相続させたくない場合、兄弟姉妹には遺留分の権利がないので、遺言によって配偶者に全財産を相続させる旨の遺言をしておけば安心

7. 相続人がいない場合

・遺言書を書かずに亡くなった場合は、その人の遺産は国庫に入ることになる。看病や老後の世話をしてくれている人や、日頃から世話になっている親戚や友人に報いるためには遺言書を書いておく必要がある。また、財産を国庫に入れるよりも福祉団体などに寄付をするほうがよいと望む場合は、遺言書にその旨を書いておくと実現する

column

タンスから出てきた複数の遺言書

父親が亡くなり、3人の息子が遺されました。葬儀の手配に始まり、法要の手配などいろいろな手続きに忙殺されていました。四十九日の法要が終わり、「これで一段落だねって」話をしていたところ、家族の1人がおもむろにこんなことを言い出しました。「お父さん、遺言書を書いたって言ったような気がする。確か、タンスの中にしまったって聞いたように思うんだけど……」その一言がきっかけで、タンスの大捜索が始まります。

家族の誰もが口にはしませんが、心の底では同じことを思っています。

「うちには大した財産はないけれど、自宅の他に父が相続で手に入れた都内の一等地がある。これを相続できれば、それなりの資産価値があるはずだ。誰がこの土地を相続することになるのか」

そして、ついに遺言書が見つかりました。

どちらの遺言書も自筆証書遺言の要件を満たす

長男は予め遺言があった場合のことを想定し、こっそりと遺言について勉強したようでした。

「これは自筆証書遺言だな。父の自筆で書かれてあるし、押印もしてある。平成24年3月3日と日付も明確に記入されているので、有効だ。早速、家庭裁判所に提出して、検認を請求しないといけないな。すぐに、この遺言書通りに遺産分割の手続きを始めよう」

遺言書には、かねてから長男が相続したいと思っていた都内の一等地を自分が相続できる内容でしたから、文句があるはずありません。

ところが、次男にとっては面白くありません。腹立ち紛れにその後もタンスの別の引き出しをひっくり返して捜索を続けたところ、別の遺言書が出てきました。そこには件の土地について、先の遺言書とは異なった内容が書かれていました。「病気になり、介護が必要になってからも、一番親切に世話をしてくれたのは三男だ。都心の土地は三男に相続させたい」そんな内容が書かれていました。この遺言もやはり、自筆証書遺言の要件は満たしています。そして、日付は平成25年1月8日となっています。

日付が最新のものが優先される

2通の遺言書をめぐり3人がそれぞれに自分に有利な主張を始めました。1通目の遺言書には「この遺言書は考え抜いた結果であり、今後内容を変更することはない」と書かれていたのです。長男はいったん有効に成立した遺言は取り消すことが出来ない、しかも「今後内容を変更することはない」と書かれたこの文言を根拠に、1通目の遺言書が正当であると主張し譲りません。件の土地は長男が相続すると言い張ります。

三男は、2通目の遺言書が書かれた日は明らかに1通目よりも後であるから、1通目は無効だと主張しています。当然、件の土地は三男が相続すべきであると主張しています。

さらに次男は、1通目と2通目には相反する内容が書かれているので、両方の遺言書はともに無効だとして、件の土地は3人で平等に分割して相続すべきであると主張しています。

それぞれが、それぞれの言い分を主張し1歩も譲りません。一体誰の主張が正しいのでしょうか。

民法ではいったん有効に遺言が成立しても、「遺言者は、効力発生のとき（遺言者死亡のとき）まで、いつでも遺言の全部または一部を自由に撤回できる」としています。

したがって、複数の遺言書が存在する場合、日付が最新ものが優先され、前の遺言と内容が異なっていたときには、前の遺言は撤回したものとみなされるため、三男の主張が正しいということになります。

食べられた遺言書

映画「犬神家の一族」。推理小説家、横溝正史の代表作です。

財界の大物・犬神佐兵衛が莫大な財産を残してこの世を去りました。金田一耕助は、犬神家の本宅のある那須湖畔を訪れます。犬神家の顧問弁護士を務める古館恭三の法律事務所に勤務する若林豊一郎から「近頃、犬神家に容易ならざる事態が起こりそうなので調査して欲しい」との手紙を受け取ったためでした。

どうやら若林は佐兵衛の遺言状を盗み見てしまったようですが、金田一耕助と会う直前、若林は何者かによって毒殺されてしまいます。そんな中、佐兵衛の遺言状は古館弁護士によって耕助の立ち会いのもと公開されるが、それが相続争いに拍車をかけることになります。

目を通した遺言書には自分に不利な内容が

さて、もしあなたも犬神家の相続人の1人だったら。しかも、あなたは犬神佐兵衛の実子であり後継者と目され、遺言で最もたくさんの遺産を相続すると、あなた自身も周囲もそう思っていたのです。あなたは集まった相続人皆の前で遺言書を開封し、目を通します。ところが、遺言書にはあなたには何も相続させないと書かれていることを知ってしまうのです。

自分に不利な内容が遺言書に書かれていると知ったら、あなたはどうしますか？　しかも、その遺言書の内容によって、莫大な遺産の行方が左右されるのです。

他の相続人が遺言書を読むまでに、どうにかして遺言書を消してしまいたい。きっとあなたはそう思うでしょう。遺言書を破るだけでは、また復元されてしまいます。燃やしてしまうにしても、完全に燃え尽きずに復元されるかも知れません。遺言書を口の中に押し込み、食べてしまうというアイデアが浮かびます。病院へ運ばれて、摘出手術を受けることになっても、その頃には遺言書は胃の中で消化され、跡形もなく消え去ってしまう。素晴らしいアイデアです!!

あなたは咄嗟に遺言書を頬張り、飲み込んでしまいます。そして、その場に居合わせた他の相続人達に向かって高らかに宣言します。「私が犬神佐兵衛の後継者だ。犬神佐兵衛の遺産はすべて私が相続する！」

遺言書はなくなってしまいました。今となってはそこに何が書かれていたのか、もはや誰も知ることはできません。もともと、あなたにも相続する権利はあったのだし、最有力の後継者であったのだから、遺留分どころじゃない、最低限法定相続分、いや大半を自分が貰えるはずだとあなたは思うでしょう。これでもう大丈夫。遺産は自分のものだ。

欲を出したばかりに相続資格を失う？

その一部始終を見ていた金田一耕助は頭をかきむしりながら、きっとこう言うはずです。「残念ながら、あなたの相続権は剥奪されました。あなたにはもう1円の遺産も相続する利はありません」。

あなたは、こう反論します。「遺言書には、私に全財産を相続させると書いてあった。それを確かめて、私は遺言書を飲み込んだ。1円も相続できないなんて、そんな無茶な話はない！　全財産は相続できなくても、少なくとも法定相続分の相続権はあるはずだ。無茶なことを言ってもらっては困る」。

さて、どちらの言い分が正しいのでしょうか。

金田一耕助は一体何を根拠に相続権がないなんて言いだしたのでしょうか。

民法には相続欠格という制度があります。これは、相続人が一定の非行をした場合に、法律上当然に相続権を剥奪する制度です。相続に関して不正な行為をした者の相続を認めることは、正義に反し、法律感情の許さないところであるから、一種の制裁ないし私法罰として、このような制度が採用されています。

民法891条は相続欠格事由として、以下の5つをあげています。

①故意に被相続人または相続について先順位もしくは同順位にある者を死亡するに至らせ、または至らせようとしたために刑に処せられた者（1号）

②被相続人が殺害されたことを知りながら、これを告発せず、または告訴しなかった者(2号。ただし、その者に是非の弁別がないとき、殺害者がその者の配偶者もしくは直系血族であったときは例外)

③詐欺または脅迫によって、被相続人が相続に関する遺言をし、または その取り消し・変更をすること

を妨げた者（3号）

④詐欺または脅迫によって、被相続人に相続に関する遺言をさせ、またはその取り消し・変更をさせた者（4号）

⑤相続に関する被相続人の遺言書を偽造、変造、破棄または隠匿した者（5号）は、相続人となることはできない。

そして、相続欠格の効果は、特段の裁判手続きや意思表示をすることなく、法律上当然に発生し、相続欠格者は相続資格を失うのです。

つまり、今回の事例では5号の要件がそのままあてはまります。遺言書を食べてしまうという行為はまさに、相続欠格事由に該当することになり、当然に相続人である資格を失うことになるのです。

もし、遺言書を食べてしまわなければ、せめて遺留分だけでも手に入ったかも知れません。相続資格を失って、その遺留分すら手にすることができなくなってしまったのです。

第3章

財産の分け方はどうする？
遺産分割について知ろう

基礎編

01

遺産分割協議の流れ

チャートで流れを押さえよう

相続人の間で、遺産分割協議を行った後、決まった内容に基づき遺産分割協議書を作成します。これは、専門家の手を経ずとも自分たちで作成できます。その流れを次ページのチャートで説明します。

遺産分割の結果を記載したものが遺産分割協議書です。相続人全員の合意があれば、**指定相続分**や法定相続分と異なる分割をすることも可能です。たとえ遺言があっても、相続人全員が遺言の存在を知り、その内容を正確に理解したうえで遺言の内容と異なる遺産分割協議書を作成すれば、その遺産分割協議書は有効な遺産分割協議書となります。

遺産分割協議を実施することになった際の流れは以下のようになります。

① **被相続人の情報収集**

戸籍謄本などにより、被相続人の氏名、本籍、最後の住所、生年月日、死亡年月日を確認する。

●**指定相続分**
遺言によって指定する財産の遺産分配の割合。遺言者の意思によって自由に決定できるが、遺留分に注意が必要。

3-01 遺産分割のフローチャート

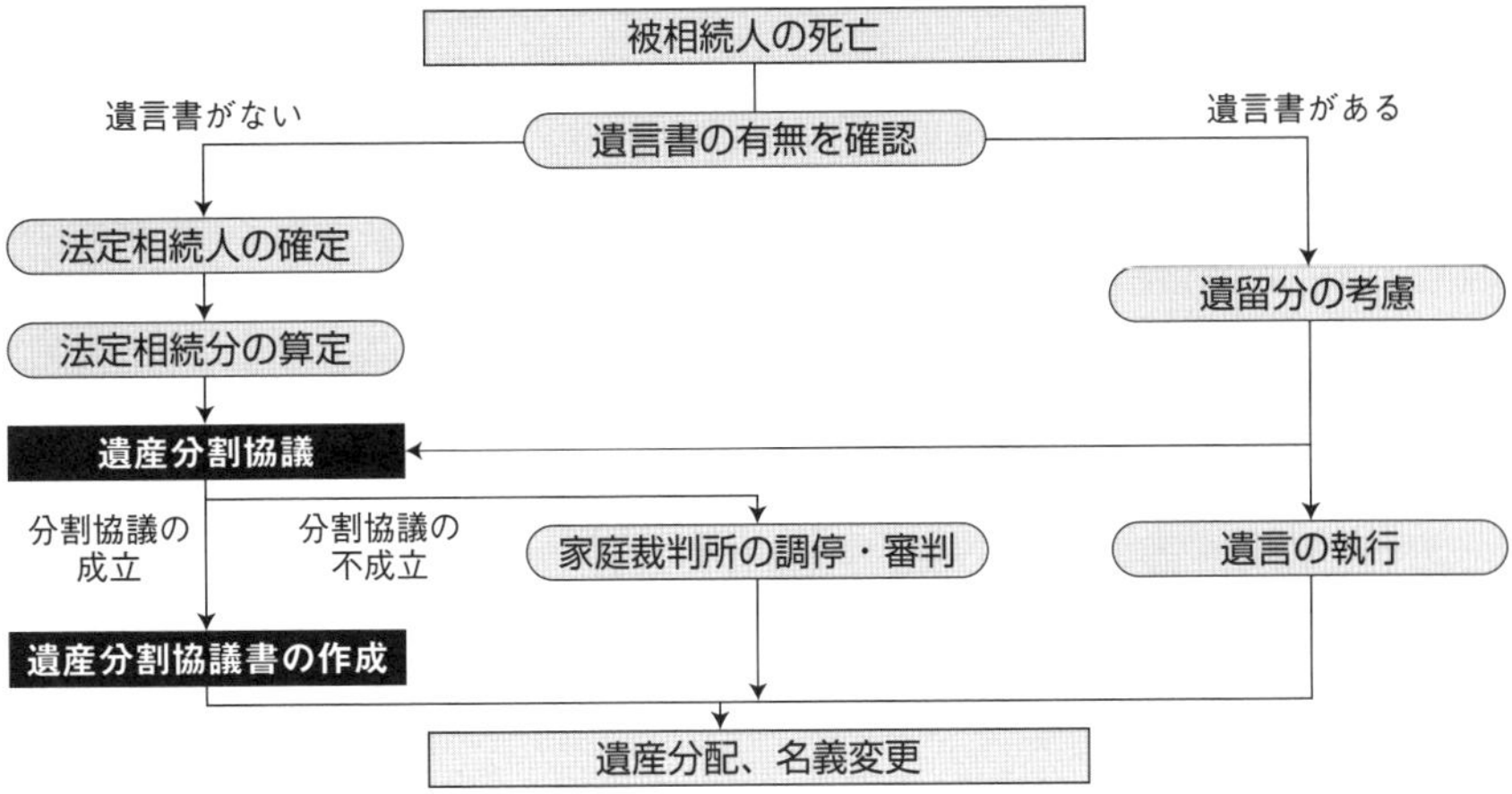

② 相続人の情報収集

印鑑証明書で、相続人全員の氏名および住所を確認する。

③ 相続財産の情報収集

遺産分割協議書に記載する財産の情報を収集する。**固定資産税課税台帳**は所有不動産が一覧でき有効である。

④ 各相続人の署名・押印

各相続人は、住所、氏名を自署し実印を押印する。

⑤ 印鑑証明書を添付し保管

相続人の人数分遺産分割協議書を作成し、それぞれに全員の印鑑証明書を添付して、それぞれが保管する。

●**固定資産税課税台帳**
固定資産税を算出するための、基礎となる不動産の評価額が記載されたもの。物件の所在地や地積等の情報を確認することができる。

02

遺産分割協議書のサンプル事例

金融機関に提出することも念頭に置こう

遺産分割協議書作成時の注意点を紹介します。遺言と異なり、要件を満たさなければ無効となるものではありませんが、相続人全員が納得し、分割が終了したことを示す書類でもあります。また、この書類は預貯金の分配を行うにあたり、金融機関へ提出することにもなります。

遺産分割協議書は、不動産や預貯金の名義変更等や相続税の申告書への添付のためだけでなく、相続人間における分割内容の合意・確認や、法的にも分割が終了したことを明確にするといった意味合いが作成する目的としてあり、とても重要な書類です。この「遺産分割協議書」の作成にあたっての留意点等を紹介します。

① 遺産分割協議は相続人全員で行います。成年後見人や特別代理人が必要になるケースもあります。なお印鑑は全て実印となります。

② 財産・債務は、もれなく記載することが必要です。なお、生命保険金・死亡保険金は遺産分割協議の対象ではないため記載しません。

3-02 遺産分割協議書のココが見られてる！

被相続人の記載

全部事項証明、戸籍謄本、除籍謄本で法定相続人は誰かを確定する作業を行う

遺産分割協議に参加する必要があるものの記載

相続人全員が原則だが、相続放棄した相続人がいないか、相続欠格者や排除者はいないか確認する

遺産分割協議の内容

法定相続分や遺言の内容と異なる遺産分割協議書が提出されたとしても、遺産分割協議書の内容に添って手続きがされる

遺産分割協議の作成日付

未成年者本人が遺産分割協議書に署名、捺印していないかを確認するために重要な意味を持つ

相続人の署名、捺印欄

遺産分割協議に参加すべき者が全員参加しているか、未成年者など代理人によるべきものがいないか、各参加者の住所が印鑑証明書上の住所になっているか、各参加者の押印が実印による押印か、を確認する

③ 後に判明したものがあれば、その財産・債務については再度遺産分割協議が必要になります。なお遺産分割協議書に、遺産分割協議後に判明した財産・債務についての取り扱いを定めておくことも可能です。

④ 遺産分割協議書は複数回にわたって日を変えて作成しても有効です。

⑤ 遺産分割協議のやり直しについては、法的には有効ですが、課税上は当初の分割内容で確定するため、やり直しによる相続人間の財産の移転については、贈与として認定されることになります。

借入金が金融機関にある場合の対処法

また、預貯金の相続にあたり、遺産分割協議書を金融機関へ提出することとなります。金融機関では少額の場合は特例扱いで、代表相続人に一括して相続預金を渡すこともありますが、基本的に遺産分割協議書に基づいて預貯金の分

割を行います。

金融機関が債権を有している場合でなければ、遺産分割の内容について特に問題となることはありませんが、借入金がある場合には注意が必要です。特に事業資金については、事業の継承者が債務を引き継ぐのが合理的でしょう。事前に金融機関とも相談するのが賢明です。

また、金融機関では実印の押印と印鑑証明が重要視されます。なぜなら、遺産分割協議書に署名押印した人全員を一堂に集めて意思確認を行うことは困難だからです。その書類が本人の真意に基づいて作成された書類かどうかが民事訴訟で争いになった場合に、民事訴訟法上、実印による押印があった場合はある効力が認められるという背景があります。

遺産分割協議書に最も神経質になるのは金融機関です。誤った遺産分割を行えば、他の相続人に不利となってしまうからです。そこで、金融機関が遺産分割協議書のどの部分に注目しているのかを前ページの図版3－02で紹介しています。

このように遺産分割協議書は、亡くなった人が残した財産を相続人間でどのように分けるのかを決定するのかを書面で作成するものであり、相続手続きで作成する書類の中でも重要となります。このため実際に遺産分割協議書へ実印を押印する際には、しっかりと中身を確認してから押印をするように気をつけなければなりません。

遺産分割協議書

最後の本籍　　　東京都○○区○○○番○号
最後の住所　　　東京都○○区○○○番○号

被相続人○○○○（平成○年○月○日死亡）の遺産については、同人の相続人全員において、分割協議を行った結果、各相続人がそれぞれ次の通り、遺産を分割し、債務・葬式費用を負担することに決定した。

1．相続人　○○○○は次の遺産を取得する。

(1)　土地
所在　　　東京都○○区○○○番
地番　　　○○番○
地目　　　宅地
地積　　　○○○.○○㎡

(2)　建物
所在　　　東京都○○区○○○番
家屋番号　○○番○
種類　　　木造
構造　　　瓦葺2階建
床面積　　1階　○○.○○㎡　2階　○○.○○㎡

2．相続人○○○○は次の遺産を取得する

(1)　預貯金
①○○銀行○支店
普通預金　口座番号0000000
②○○銀行○支店
定期預金　口座番号0000000

上記の通り相続人全員による遺産分割の協議が成立したので、これを証するために本書を作成し、以下に各自署名押印する。なお、本協議書に記載なき遺産・債務並びに後日判明した遺産・債務は、相続人全員で別途協議して決めるものとする。

平成○年○月○日

住所　東京都○○区○○○番○号
氏名　○○○○　実印

住所　東京都○○区○○○番○号
氏名　○○○○　実印

ポイント①
遺産分割協議書は、相続人の自署でなくてもワープロでの印字や代筆でも可能です。

ポイント②
最後の本籍は“除籍謄本”に、最後の住所は“住民票の除票”に記載があります。

ポイント③
不動産については、登記簿謄本を参考にして正確に記載しましょう。

ポイント④
その他、預貯金などについては、その財産や金額が特定できるように記載するようにしましょう。

ポイント⑤
後日のトラブル回避のため、各相続人は自署で署名を行い、実印で押印しましょう。

03

遺産分割協議書作成時の注意点

事例を基に正しく記載しよう

遺産分割協議書について話を進めてきました。ここでは問題となりそうな事例を紹介します。

事例1　遺産分割協議書の一部が訂正されている場合には遺産分割協議が有効に成立したといえるのか。

事例は、遺産分割協議書の一部が訂正されているケースです。遺産分割協議書は、遺産分割協議における当事者間の合意を書面化したものですから、訂正内容が当事者の意思を反映していれば、遺産分割協議は訂正後の内容に従って有効に成立したものと考えられます。

しかし、訂正のなされた遺産分割協議書を金融機関などに提示するには、訂正内容が遺産分割協議に参加した相続人の意思を反映するものであることを確認するため、当該訂正箇所につき相続人全員の訂正印を押印した協議書の提示を求められることが通常です。

事例２　相続人間において特別受益を受けた者がいる場合に、その者の相続分はどのように取り扱うか。

事例は、相続人間に特別受益者がいるケースです。特別受益に関しては民法で規定があります。

生前に被相続人から贈与を受け、または婚姻、養子縁組のため、もしくは生計の資本として贈与を受けた相続人については、相続開始時の価値に従って特別受益の価格を計算し、同価格を相続財産に含めた上で各相続人の相続分を算定することになります。

例えば、被相続人が相続開始時において１０００万円相当の財産を持っていたとしましょう。相続人Ａ、ＢおよびＣのうち、Ａのみが生前に２００万円の贈与を受けていた場合には、Ａの受けた２００万円は特別受益とみなされ、各相続分を算定する際の基礎となる相続財産に含めて考えられます。よって、この場合には相続財産は１２００万円とみなされ、各人の相続分は３分の１である４００万円ずつとなり、このうちＡは既に２００万円を取得していることから、Ａが自己の相続分として新たに取得できる財産額は２００万円となります。これに対し、ＢおよびＣは、それぞれ４００万円ずつを取得することになります。

04

基礎編

相続人を巻き込んだ遺産分割協議の進め方

相続税が課税される場合は期限に注意

遺産分割協議は相続税の申告までに済ませれば良いのではありません。もし、被相続人の銀行借り入れがあるような場合には特に注意が必要です。できる限り早く遺産分割協議書を作成する必要がありますが、必ずしも全員が一堂に集まる必要はありません。

遺産分割協議書は、通常1通の書面に相続人全員が署名し、実印を押印します。しかし、相続人が遠隔地にいる場合や、病気等の事情のある人がいる場合など、1カ所に集まることが難しい場合もあります。なかには海外に住んでいるという相続人もいるでしょう。だからといって、遺産分割協議書への署名押印が免除されるわけではありません。

このような場合、多くは郵送により、持ち回り式で各相続人が署名、押印するのが通常ですが、相続人の人数が多い場合などは日数がかかることを考慮する必要があります。

遺産分割協議書の作成期限は特にありませんが、相続税が課税される場合は、相続税の申告期限の10カ月以内に作成する必要があります。「10カ月の余裕があるからゆっくりやれば良いか…」などと考えていると、時間はすぐに過ぎてしまいます。

3-04 遺産分割協議に全員が一堂に集まる必要はない

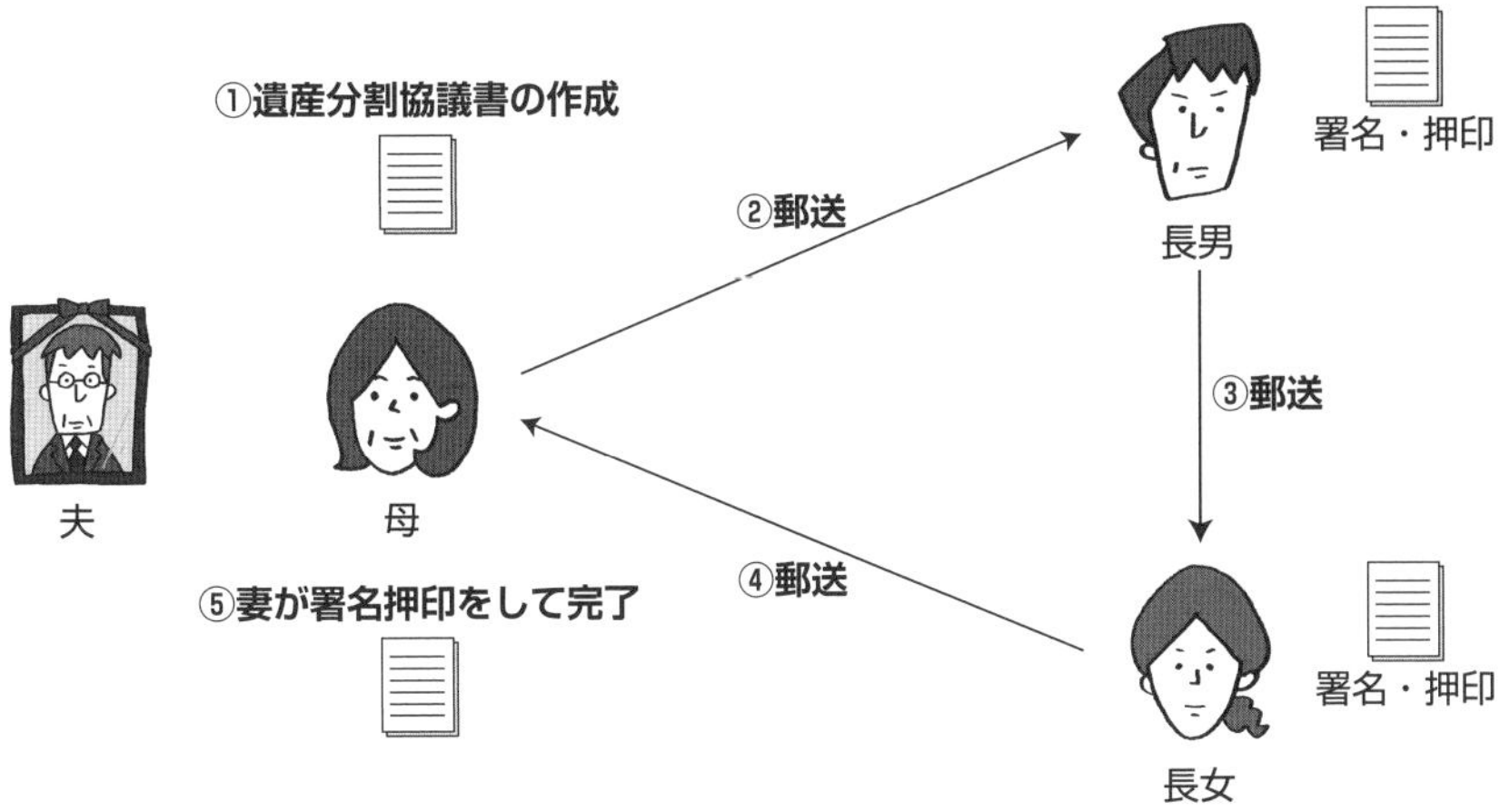

通常、遺産の分け方が決定した後で遺産分割協議書を作成しますが、遺産分割協議書の作成前段階で、財産の漏れや分け方に誤りがないか等の事前確認を全ての相続人が行うことが必要です。遺産分割協議当日に、内容を初めて見て、押印ができないという相続人が出てくることも珍しくなく、そうなってしまうと再度遺産分割案を話し合わなければならず、遺産分割協議が長引いてしまい、10カ月の相続税申告に間に合わない事態も想定されるためです。

相続人に海外在住者がいる場合の注意点

ところで、相続人のなかに海外在住者がいる場合に最も苦労するのが、実は印鑑証明書なのです。

遺産分割協議書には、相続人全員が署名および実印による押印をしたうえで、印鑑証明書を添付しなければなりません。印鑑証明書の交付を受けるには、住民登録がある市区町村に印鑑

3-05 署名証明（サイン証明）見本

形式１：貼付

証　明　書

以下身分事項等記載欄の者は、本職の面前で貼付書類に署名（及び拇印を押捺）したことを証明します。

身分事項等記載欄
氏　名：
生年月日：（明・大・昭・平）　　年　　月　　日
日本旅券番号：
備　考：

※氏名の漢字等綴りは申請人の申告に基づく場合があります。

証第　ＤＱ１１－００００００号

平成　　年　　月　　日

在ロンドン日本国総領事館

総領事　〇〇　〇〇　公印

出所：外務省
「在外公館における証明」

登録をしている必要があります。そのため、海外に在住していて日本に住民登録がないときには、日本で印鑑証明書を取得することができません。

この場合、日本の印鑑証明書に代わるものとして、署名証明（サイン証明）が利用されます。署名証明は、在外公館が発行するもので、申請者の署名および拇印が領事の面前でなされたことを証明するものです。

海外に相続人が居住している場合の署名証明（サイン証明）発行の手続

相続や不動産相続登記の添付書類として使用する、署名証明（サイン証明）発行を受けるための具体的な手続きは次のとおりです。

1. 遺産分割協議書を在外公館（外国にある日本国大使館、総領事館）に持参して、領事の面前で署名および拇印を押捺する。
2. 遺産分割協議書と署名証明（サイン証明）

書を綴り合わせて割り印をしてもらう（奥書認証）。

なお、遺産分割協議書への署名は領事の面前で行う必要がありますので、事前に署名をせずに持参しなくてはなりません。

また、領事館等に行く際は、日本国籍を有していることが確認できる書類（有効な日本国旅券、本邦公安委員会発行の有効な運転免許証）も併せて持参します。

05

3つの分割方法「現物分割」「換価分割」「代償分割」

相続財産が土地と建物だけのケースは要注意

相続財産は原則として相続人が複数いる場合には、相続の開始により、相続人全員が共有することになります。そのため、個々の相続人は自由に相続財産を処分することができません。このような相続人間の共有状態を解消し、個別の財産・債務を個々の相続人に分割する手続きが必要となります。これが遺産分割です。

民法では「遺産の分割は、遺産に属する物または権利の種類および性質、各相続人の年齢、職業、心身の状態および生活の状況その他一切の事情を考慮してこれをする」と規定し、具体的な分割方法等を当事者間の協議に委ねています（協議分割）。ただし、被相続人があらかじめ遺言で遺産分割の方法を定めた場合などは、遺言が優先されることになります。

話し合いで決めるのが基本

遺産の分割の基本は、相続人同士の話し合いです。基本的には相続人同士の話し合いで自由に分け方を決めることができます。この分割の方法は主に次の3つがあります。

① 現物による分割

3-06 3つの分割方法のイメージ

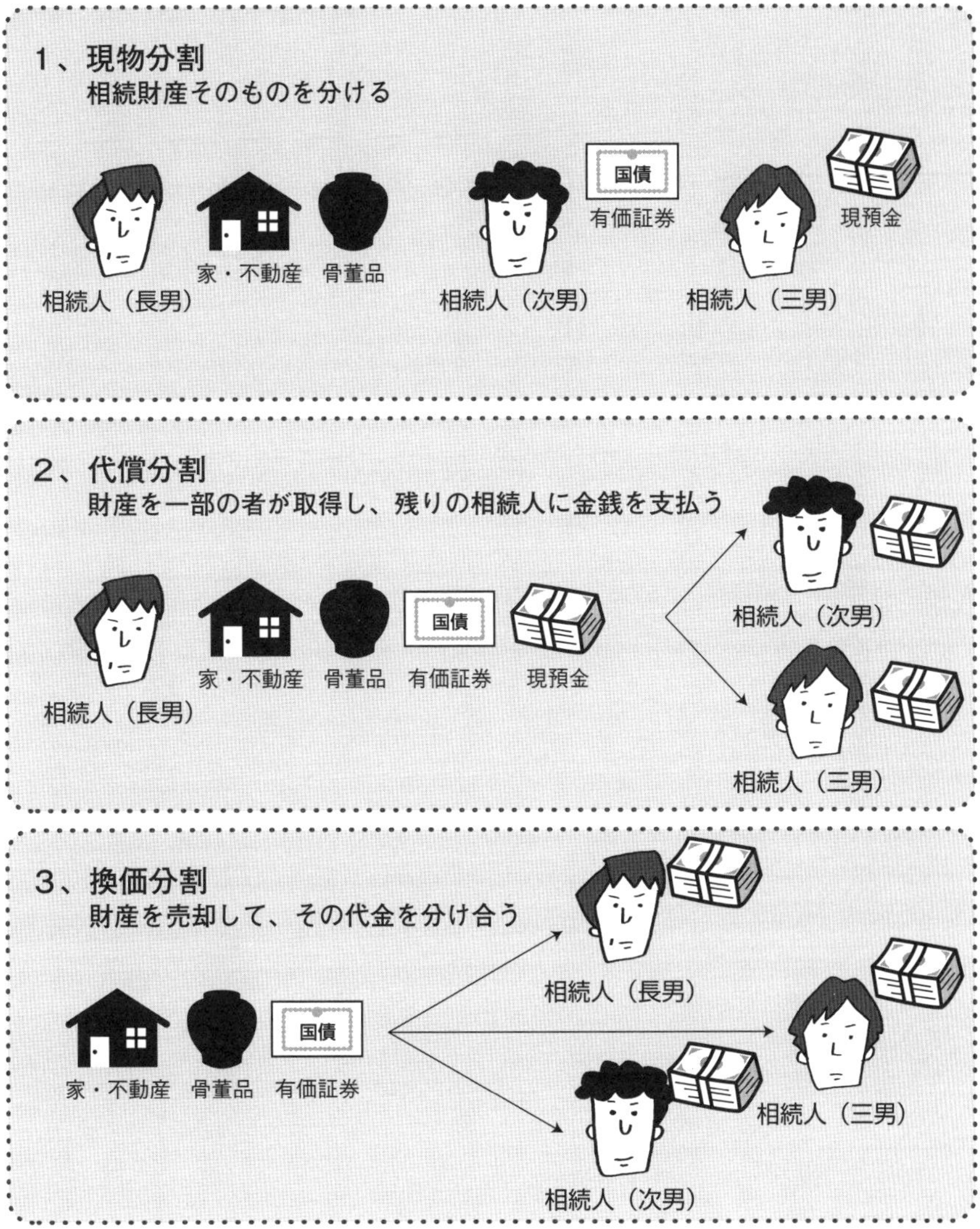
1、現物分割
相続財産そのものを分ける
家・不動産
骨董品
相続人（長男）
国債
有価証券
相続人（次男）
現預金
相続人（三男）
2、代償分割
財産を一部の者が取得し、残りの相続人に金銭を支払う
家・不動産
骨董品
国債
有価証券
現預金
相続人（長男）
相続人（次男）
相続人（三男）
3、換価分割
財産を売却して、その代金を分け合う
家・不動産
骨董品
国債
有価証券
相続人（長男）
相続人（三男）
相続人（次男）

自宅の土地と建物は妻、現金は長男というように、特定の財産を特定の相続人が相続する方法です。この方法が実際の相続では最も多くとられる基本的な遺産分割の方法です。

② 代償（代物）分割

例えば、遺産が土地のみしかない場合、長男が1人で土地を相続する代わりに、次男には長男が、次男の相続分に見合った金銭（代物の場合は同等の物）を支給するというような遺産分割の方法です。

③ 換価による分割

例えば、相続人がそれぞれ遠方に住んでおり、相続財産である相続人の自宅を分割対象とせざるを得ないような場合、売却して換金することもあります。このように遺産を売却し、その代金を分け合うような遺産分割の方法です。

「共有」での分割は避けたほうが無難

さらに、共有という方法もあります。遺産の一部または全部を相続人が共同で所有することです。被相続人名義の不動産があった場合、共有にすることで、それぞれがその不動産に対して持ち分を所有することになります。この方法だと相続人が住んだままでも平等に分けることができます。一見すると一番問題がないようですが、共有での相続は後々大きな問題に発展してしまう可能性があります。例えば、共有者の一人が緊急にお金を必要とする状況になったとします。土地を売却したいのですが、一般的に不動産の共有持ち分だけを売ることはできないため、他の共有者に買い取ってもらうか、一緒に売ってもらうしかありません。

兄弟姉妹が共有で相続した場合だと、その兄弟姉妹が亡くなると、甥や姪、いとこ同士での共有となります。このような親族と普段会う機会はほとんどないでしょうから、話し合うことさえ難しく、売却や建て替えが困難になりかねません。したがって、すぐに売る場合を除いて、兄弟姉妹が共有で相続することはなるべく避けたほうがよいでしょう。

共有の解消方法

共有の主な解消方法は、①共有物分割（現物で分割する）、②換価（売却して売却代金を分割する）、③持ち分買い取り・売却（共有持ち分を共有者同士で売買する）、④持ち分交換（複数の土地の持ち分同士を交換・売買する）などです。

ただし、共有物分割は分割後の面積や地形などによってはできないこともあります。換価は住んでいる人がいると難しいですし、持ち分買い取り・売却では、買い取り資金の調達が難しく、持ち分交換は交換できる別の土地を持っていなければできません。持っていたとしても交換を成立させるための交渉がとても難しいです。

いずれにしても、土地などの不動産を売買・交換すると、不動産取得税や登録免許税が必要となり、譲渡税や贈与税がかかることもあるので注意が必要です。

代償分割で共有を避ける

共有の代わりの方法として考えられるのは代償分割です。不動産を相続した人が他の相続人にお金などを支払う方法なので、相続人は住んだままで、ある程度平等に財産を分けることができます。現金で一括で支払えば、後々問題が発生することもないでしょう。

06

「調停」と「審判」分割方法で揉めた時の対処法

まずは家庭裁判所で調停員による助言や解決案を受ける

被相続人が亡くなり、その遺産の分割について相続人の間で話し合いがつかない場合には家庭裁判所の遺産分割の調停又は審判の手続きを利用することができます。

話し合いがまとまらず調停が不成立になった場合には自動的に審判手続きが開始され、裁判官が、遺産に属する物又は権利の種類及び性質その他一切の事情を考慮して、審判をすることになります。

遺産の分割で、共同相続人間で協議が整った場合は、遺産分割協議書が作成されて、相続手続きは、遺産分割協議書に基づいて行われることになります。

しかし、遺産分割協議が、相続人間でうまくいかない場合や、協議をすることが、できない場合もあります。そのような場合に遺産の分割を家庭裁判所に請求することになります。この場合、家庭裁判所に対して申し立てを行う内容として、2種類の方法があります。

① 調停の申し立て

調停員を仲介役として当事者が話し合いをする方法

3-07 家庭裁判所での調停のイメージ

② 審判の申し立て

審判官が強制的に解決を行う方法

調停が不成立になったら審判に移行

いきなり、審判を申し立てすることも法律上は不可能ではないのですが、遺産分割協議は、当事者が話し合いをして解決することが望ましいですから、通常は審判の申し立てがあっても、まずは調停に付して、調停が整わない場合に審判に移行するのが通常です。

調停手続きでは、調停員が当事者双方から事情を聴いたり、必要に応じて資料等を提出してもらったり、遺産について鑑定を行うなどして事情をよく把握したうえで、各当事者がそれぞれどのような分割方法を希望しているか意向を聴取し、解決案を提示したり、解決のために必要な助言をし、合意を目指し話し合いが進められます。

なお、話し合いがまとまらず調停が不成立になった場合には自動的に審判手続きが開始され、裁判官が遺産に属する物または権利の種類及び性質その他一切の事情を考慮して、審判をすることになります。

遺産分割に関する審判は即時抗告できる

調停が成立した場合は、家庭裁判所において**調書**が作成されます。家庭裁判所が作成した調停調書の内容に従って相続手続きを進めることになります。調停が不調に終わって、審判による遺産分割がなされた場合には、審判書が作成されます。しかし、調停調書の場合と異なり、家庭裁判所が作成した審判書の謄本が提出されてもそれだけで相続手続きをすることはできません。

遺産分割に関する審判は、即時**抗告**ができるとされており、確定しなければその効力を生じないとされているからです。即時抗告の期間は審判を受ける者に対して告知があったときから2週間とされており、この期間が経過して審判が確定したことを**確定証明書**によって、相続手続きを進めることになります。

●**調書**
当事者が調停内容に合意した場合に作成される書類で、内容を守らなければ強制執行手続きがとられる法定効力を有する。

●**抗告**
審判の内容に不満であった場合に、高等裁判所によってその内容が審議される。

●**確定証明書**
審判や判決が確定した事を証明するもの。

3-08 遺産分割調停の具体的な手続きについて

誰が申し立てることが出来るのか

・共同相続人

・包括受遺者

・相続分譲り受け人

申立先

・相手方のうちの１人の住所地の家庭裁判所または当事者が合意で定める家庭裁判所

申し立てに必要な費用

・被相続人１人につき収入印紙 1200 円分

・連絡用の郵便切手

申し立てに必要な書類

(1) 申し立て書１通及びその写しを相手方の人数分

(2) 標準的な申し立て添付書類

1. 被相続人の出生時から死亡時までのすべての戸籍（除籍，改製原戸籍）謄本

2. 相続人全員の戸籍謄本

3. 被相続人の子（及びその代襲者）で死亡している者がいる場合，その子（及びその代襲者）の出生時から死亡時までのすべての戸籍（除籍，改製原戸籍）謄本

4. 相続人全員の住民票または戸籍附票

5. 遺産に関する証明書（不動産登記事項証明書及び固定資産評価証明書，預貯金通帳の写しまたは残高証明書，有価証券写し等）

※その他、状況によって必要書類が異なります

07

基礎編

遺言執行者がいる場合の遺産分割協議

相続人全員が同意すれば可能な場合もある

遺言があっても、相続人全員（**遺贈**があれば**受遺者**も含みます）の同意があれば、遺言と異なる遺産分割をすることが可能です。しかし、**遺言執行者**がいる場合は問題があります。遺言執行者がいるにもかかわらず、一部の相続人が遺言に反して遺産を処分してもその行為は無効とする判例もありますので、慎重な対応が必要です。

父親が、「預金全部を長男に相続させる」という遺言をして亡くなりました。しかし、法定相続人である長男および次男は「預金は長男と次男がそれぞれ均等割合にて取得する」という内容の遺産分割協議を行いました。被相続人の遺言に反するこのような遺産分割協議は有効に成立するのでしょうか。

遺言執行者は遺言内容に従って執行することが本来の職務ですから、相続人全員の同意のもとに遺言内容と異なる財産処分を相続人から求められても、遺言執行者は遺言に基づいた執行をすることができます。勿論、遺言執行者は相続人全員が遺言と異なる遺産分割を行うことを望んだ場合、通常は遺言執行者は、それに同意します。

●**遺贈**
遺言によって財産を与えること。

●**受遺者**
遺言によって財産を受け取る人のこと

●**遺言執行者**
財産管理や名義変更など、遺言の内容を実現させる人

長男に全て相続させる
父
2人で分けよう
長男
母
相続人全員が同意したので可能

遺言執行人
ダメです
父
2人で分けよう
長男
母
遺言執行人が反対したので
相続人だけで決められない

また、遺言執行者がいるにもかかわらず、一部の相続人が遺言に反して遺産を処分してもその行為は無効とする判例もあります。

「相続人の代理人」として力を持つ遺言執行者

ところで、遺言執行者とは、遺言者の遺言内容を実現するために選任された人をいい、「相続人の代理人」と理解されます。遺言によって遺言執行者が指定されていないとき、または遺言執行者が亡くなったときは、家庭裁判所は、申し立てにより、遺言執行者を選任することができます。そして、遺言執行者は相続財産の管理その他遺言の執行に必要な一切の行為をする権利義務を有するとされており、相続人は相続財産の処分や、その他の遺言の執行を妨げる行為をすることが禁じられています。

なお、遺言執行者の職務は、遺言の内容がすべて実現したときに終了します。例えば、不動産を長男に遺贈する旨の遺言が作成されていた場合には、遺言執行者に指定された人は、その不動産の所有権登記を長男に移転する手続きを完了したときに、遺言執行者としての地位を失うことになります。

もし、遺言の存在を知らないで遺産分割の協議が成立したとしても、遺言に反する部分は無効となります。しかし、相続人全員が合意で、遺言と反する協議をそのまま維持しようとすることもあり得るでしょう。しかし、その遺言に遺言執行者が指定されているときは、「相続人は、相続財産の処分その他遺言の執行を妨げるべき行為をすることができない」ことになっていますから、あらためて遺言執行者の手によって再分割をせざるを得ません。また、相続人のうち一人でも遺言をたてにとり、遺産分割についてクレームをつけたときは、再分割の協議、遺言の執行をあらためてする必要があります。

3-10 遺言執行者の選任について

申立人

・利害関係人（相続人、遺言者の債権者、遺贈を受けた者など）

申立先

・遺言者の最後の住所地の家庭裁判所

申し立てに必要な費用

・執行の対象となる遺言書1通につき収入印紙800円分

・連絡用の郵便切手

申し立てに必要な書類

・遺言者の死亡の記載のある戸籍（除籍、改製原戸籍）謄本（全部事項証明書）

－申立先の家庭裁判所に遺言書の検認事件の事件記録が保存されている場合（検認から5年間保存）は添付不要

・遺言執行者候補者の住民票または戸籍附票

・遺言書写しまたは遺言書の検認調書謄本の写し

－申立先の家庭裁判所に遺言書の検認事件の事件記録が保存されている場合（検認から5年間保存）は添付不要

・利害関係を証する資料

－親族の場合、戸籍謄本（全部事項証明書）等

※その他、審理のために必要な場合は追加書類の提出が必要な場合がある

column

サインができない認知症の母

私の家庭は、高齢の父が亡くなることを想定し、数年前から相続の準備をしてきました。父が亡くなった後、遺産をどのように分割していくかを家族で話し合ってきました。幸い父自身も、母も、兄弟も皆協力的で、相続で揉めるようなことはなさそうです。父名義の預貯金や有価証券、不動産も登記簿謄本を取り寄せました。戸籍謄本も確認し、相続人も特定することが出来ました。誰がどの財産を相続するのか、皆の考えも聞き入れながらいろんな案を検討しました。

その結果、皆が納得できるような、遺産分割のプランが出来上がりました。

これで、一安心。と、思ったのもつかの間。母の言動がおかしいことに気付いたのです。認知症でした。私たち家族は気付かなかったのですが、銀行からかかってきた1本の電話で「これはおかしい」ということになったのです。母は銀行へ行くたびに、「預金通帳が無い。印鑑が無い」と喪失届を出していたのです。

1週間に2度、3度と同じことを繰り返していたようなので、不審に思った銀行から「家族の方の様子がおかしいので確認してください」という電話があって、初めて気がつきました。さらには高額の通信販売の契約を勝手に行っていました。

判断能力のない相続人がいるときの手続き

このまま、認知症が進み、判断能力が無いとなると厄介なことになります。意思能力が失われている相続人が不利益になってしまう内容の遺産分割協議をすることは認められません。相続において、相続人の中に認知症等で物事を理解・判断することが出来ない相続人がいる場合、必要な手続きの流れは次のようになります。

- 意思能力が失われている相続人に法定後見人をつけるために、家庭裁判所で「後見開始の審判」手続きを行い後見人（成年後見人）を選任してもらう
- 選任された成年後見人は意思能力が失われている相続人の代理人

となり、他の相続人との遺産分割協議に参加する

- 遺産分割協議がまとまったら遺産分割協議書を作成し、その内容に応じて遺産の名義変更等の手続きを行う（手続きに必要な署名等についても成年後見人が代理して行う）。

余裕を持って相続の事前準備を進めていたため、こうした情報も事前に収集が可能でした。

これで慌てること無く相続手続きを行えそうです。

相続を通して家族の絆が強まる

相続対策というのは、ともすれば、いかに相続税を安くするかということに焦点が行きがちです。相続税を安くするために、更地にアパートを建設したり、保険などの金融商品を購入したり、そんなことばかりを想像していました。

しかし、本当に大切なことは相続を通して、家族がそれぞれの役割や重要性を認識し、お互いに認め合うこと、尊重し合うことだと気付いたのです。

そして、死後の話などかつては「縁起が悪い」とされ、真正面から家族みんなが向きあう機会を持つことは難しかったのですが、今では世の中全体がそれを受け入れるだけの寛容さを持っていることも思い知らされました。

さらに、母親の認知症という問題もこれまでの私の認識を大きく変えました。こうした問題は家族だけの問題であり、外部に対しては秘密にしておきたいという気持ちがありました。ところが、今ではごく一般的に多くの人がこうしたサービスを利用しているのです。

家族に認知症の人がいることは恥ずかしいなんて思っていた自分が馬鹿馬鹿しくなりました。高齢になったら、体は不自由になるし、認知症になることだって当然のこと、それを受け止めて、皆で協力していこうというのが、今の社会なのだと言うことを知りました。

そういう点で、相続対策は、私たち家族の絆を一層深めてくれました。

第4章

事例でスッキリ分かる！よくある相続トラブルと回避法

ケーススタディ

01 資産の確定作業で疲労困憊した足立さん

各種書類の作成や役場への申請など膨大な時間と手間がかかる

足立さんの相談と悩み事

足立さん（仮名・63歳）は2年前、父親を病気で亡くしました。入院したと思ったら、容体が急変してしまいました。あっという間の出来事で、悲しむ暇もありませんでした。

さて、家の金庫を開けてみると、中にはいくつもの不動産の権利証、おびただしい数の銀行預金の通帳と印鑑の山、さらには銀行の貸金庫のカード。生前、「生命保険の証券を銀行の貸金庫に保管している」という話は聞いていたものの、どこの保険会社でどんな保険に入っているのかも分かりません。

さあ、これからが大変です。まずは資産の確定作業が必要と分かってはいても、どこから手をつけて良いのか見当もつきません。銀行の貸金庫を開けようと思っても、本人が死亡しており相続人全員の承諾がなければ貸金庫の中味を調べることができないといわれる始末です。

4-01 自分の知らない財産がこんなに…

不動産の中には山林もあり、境界すら確定できず隣地の所有者に何度も立ち会いを求め、ようやく境界を確定することができました。

遺産分割協議書を作成しようと戸籍謄本を調べてみると、顔すら知らない親戚も相続人であることが判明しました。わざわざ遠方まで頭を下げて印鑑をもらいにいかねばならず、おまけに、海外赴任中の相続人もおり、膨大な時間と手間を費やすことになりました。

しかも、相続税の申告書を作成するにあたっては、不動産ひとつとっても登記簿謄本から公図、実測図、固定資産税の評価証明書まで様々な書類を揃える必要があります。こうした書類を手に入れるには法務局や市役所などに出向く必要がありますが、当然ながら土日は休み。週末だけでは間に合わず、何日も会社を休む羽目になってしまいました。

これだけ足立さんが慌てた理由は相続税の申

告期限です。相続税の申告期限が相続開始の翌日から10カ月以内と決められているからなのです。もし、期限内に申告しない場合や、実際に相続した金額より少なく申告した場合には、後に加算税等のペナルティーまで課せられてしまうのです。

しかも、遺産分割協議書には相続人全員の同意が必要で、署名・捺印もしてもらわねばなりません。10カ月というタイムリミットが迫り、署名・押印をせかすと、他の相続人からは「こっそり、あなたの都合の良いようにしているのではないのか」などと疑われることもあり、遺産分割でもめるのは必至です。

相続人間で早めに話し合いをしよう

相続はある日突然、こちらの都合とは無関係にやってきます。しかも、相続税の申告作業は繁雑で、与えられた期間は10カ月しかありません。万一の時のために慌てないよう、早めの準備が必要です。

生前から相続をスムーズに行うための準備をしている人は、そう多くはありません。億万長者なら常に相続のことを意識しているかも知れませんが、ごく普通の人にとって相続はまだまだ馴染みのない話です。しかし、前項でお話したように、もはや相続は身近な問題であり、早めの相続対策が必要です。

〝相続〟が〝争族〟へとならないためにも、相続財産、相続人をきちんと把握し、誰が何を相続するのか、相続人間で話し合いを行うことが必要です。

4-02 相続発生時の主な手続き

手続きの種類	手続きの窓口	提出書類など
土地・建物などの不動産所有権移転登記	不動産所在地管轄の法務局	(1)相続登記申請書 (2)相続人全員の印鑑証明書 (3)被相続人の戸籍・除籍謄本、改製原戸籍謄本、住民票の除票または戸籍の附票 (4)相続人全員の戸籍謄本 (5)固定資産評価証明書 (6)遺産分割協議書（分割協議後の場合） ※登録免許税納税が必要 固定資産税評価額×4÷1000
預貯金相続手続き	銀行・ゆうちょ銀行窓口	(1)銀行・ゆうちょ銀行所定の手続書類 (2)相続人全員の印鑑証明書 (3)被相続人の改製原戸籍謄本 (4)相続人全員の戸籍謄本 (5)被相続人の預金通帳または預金証書 (6)遺産分割協議書（分割協議後の場合）
電話加入権名義変更	電話会社 （郵送手続き可）	被相続人の戸籍・除籍謄本、相続人の戸籍抄本、印鑑
電気・ガス・水道等公共料金の名義変更	各団体窓口 （電話連絡・郵送手続）	通帳、印鑑、領収書控え
自動車名義変更	陸運局	被相続人の戸籍・除籍謄本。改製原戸籍謄本、相続人の戸籍謄本、印鑑証明書、車検証、自賠責保険証、保管場所証明書
クレジットカード・会員権返却	加入会社窓口	加入団体窓口に問い合わせ
扶養控除異動申告		勤務先に確認（年末調整や家族手当支給に関係）
社員証・身分証明書返却	被相続人の勤務先	社員証、身分証明書など

4-03 税金関係の手続き

手続きの種類	手続きの窓口	提出書類など
被相続人の所得税納税 （準確定申告） （相続開始後4カ月以内）	被相続人住所地管轄の税務署	確定申告書、その他添付書類
相続税納税 （相続の開始があったことを知った日の翌日から10カ月以内）	被相続人住所地所轄の税務署	相続財産の種類により財産日録、遺産分割協議書、登記簿謄本、固定資産税評価証明書、地積測量図、その他関連書類

02

ケーススタディ

遺留分に配慮しながら長男に多くの財産を遺した安原さん

「付言事項」で自分の想いを家族に伝えよう

安原さんの相談と悩み事

安原さん（仮名・73歳）は、３人の子供がいましたが、社会人になりそれぞれ実家を離れて暮らしていました。しかし昨年から安原さんが体調を崩したこともあり、長男夫婦と共に同居を始めました。これからも長男には世話になることが予想されるので、安原さんは自分の財産を長男にできるだけ多く相続させてあげたいと考えています。しかし安原さんの二男は、昔から金遣いが荒く、女遊びが原因で離婚をしたり、定職に就かず、金銭の要求をしてくることもあります。そんなこともあって、安原さんは破天荒な次男ではなく、きちんと世話になった長男に財産を相続させてあげたいと考えています。

「遺言を作成して」争族を防ぐ方法

安原さんは、他の兄弟の**遺留分**に配慮しながら、長男にできるだけ多くの財産を遺してあげる内容の遺言を作成しました。また遺言の最後に家族が相続後も仲良くしてくれるように、

●**遺留分**
詳細は108ページ参照。

付言事項の例

私は素晴らしい家族に恵まれて、後悔のない人生を過ごすことができました。本当にありがとう。

長男の○○には、私が体調を崩してから同居をしてもらい面倒を看てくれ、感謝の気持ちでいっぱいです。弟たちも分かっているとは思いますが、献身的に私の介護をしてくれた長男に自宅とその他の財産を多めに渡してあげたいと考え、筆をとりました。

私が亡くなった後も、兄弟仲良く幸せな家庭を築いていって下さい。

「**付言事項**」として、自分の想いを綴りました。

遺言がある場合とない場合の対処法

遺言がない場合、相続が起きると民法で定められた法定相続分を基準に、相続人全員での話し合い（遺産分割協議）のもとで遺産の相続方法を決定します。しかし遺言がある場合には、相続人全員の同意がない限りは遺言通りの相続となります。民法は、財産を遺す側の意志を尊重して遺言を最優先させているのです。

基礎知識　自筆証書遺言と公正証書遺言の違い

遺言は大きく分けて、自筆証書遺言と公正証書遺言があります。自筆証書遺言は、自分で作成するため簡単である反面、形式不備や保管の点においてリスクがあります。公正証書遺言は、作成に費用がかかりますが、法定に安全な遺言が作成でき、保管も公証役場で安全です。こうしたことから、専門家の立場からは公正証書遺言での作成をお勧めしています。

4-05 遺言の有無による相続のフローチャート

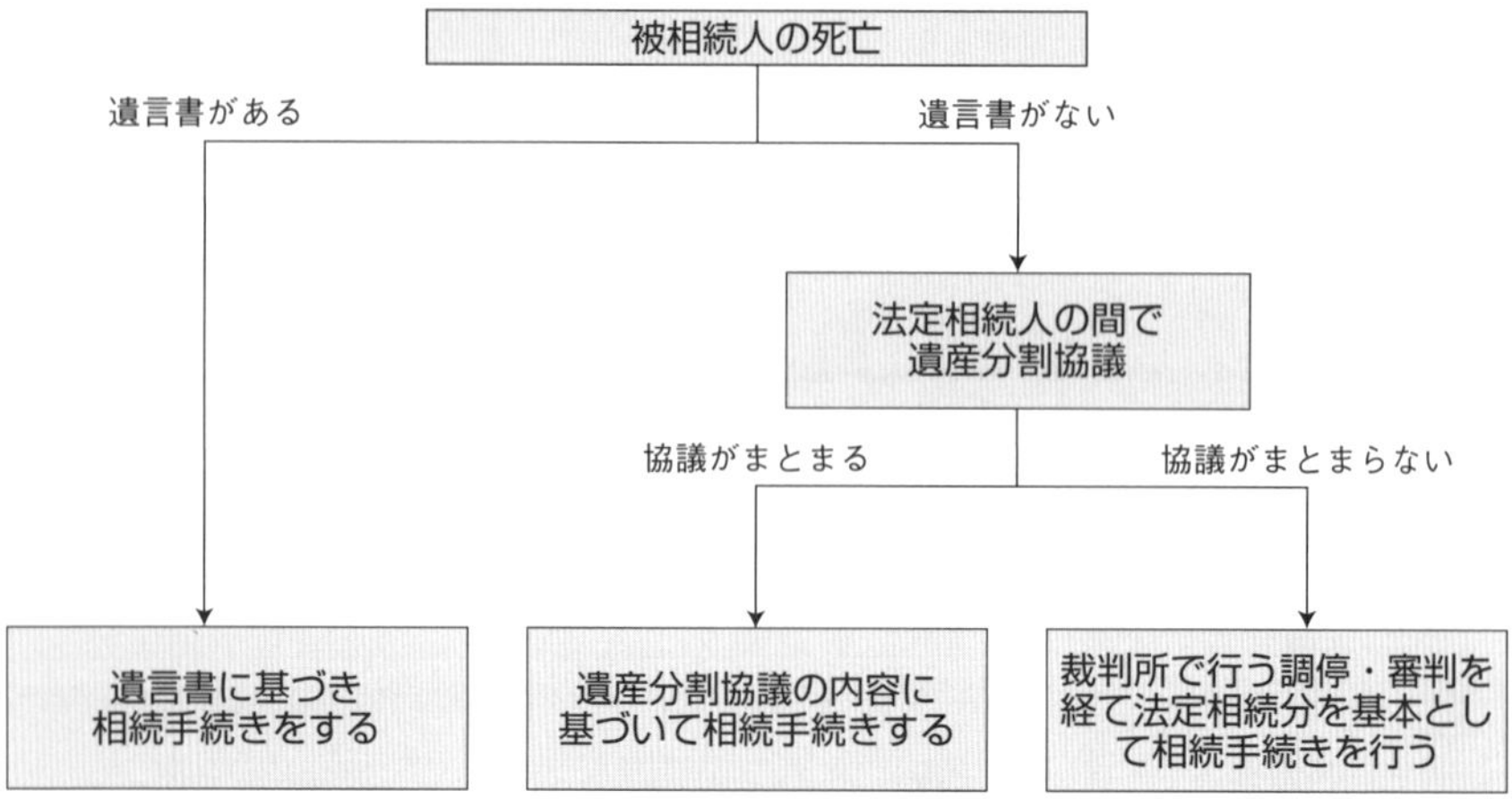
被相続人の死亡
遺言書がある
遺言書がない
法定相続人の間で遺産分割協議
協議がまとまる
協議がまとまらない
遺言書に基づき相続手続きをする
遺産分割協議の内容に基づいて相続手続きする
裁判所で行う調停・審判を経て法定相続分を基本として相続手続きを行う

自筆証書遺言は、費用なく手軽に作成することが可能ですが、きちんと法定要件を備えていないと後で無効になってしまうため注意が必要です。せっかく作成した遺言が無効となってしまっては非常に残念です（具体的な書き方は第２章１００ページを参照）。

こんな人に向いています

①　子供がいない夫婦
②　特定の相続人により多くの財産を相続させたい場合
③　家業を継いでいる子に事業をすべて任せたい場合
④　相続財産に不動産がある場合
⑤　お嫁さんやお孫さんなど相続人以外に財産を分けてあげたい場合
⑥　離婚経験があり、前妻や後妻に子がいる場合

4-06 自筆証書遺言と公正証書遺言の違い

	自筆証書遺言	公正証書遺言
作成方法	・本人が全文自筆で作成。パソコン作成によるものは無効 ・日付、氏名、押印（認印も可）が必要	・本人の希望をもとに、公証人が作成し、最終的に本人、証人、公証人が署名・押印する
作成場所	・どこでも可能	・公証役場（公証人に出張を依頼することも可能であるため、自宅や病院に来てもらい作成をお願いすることも可能）
保管場所	・本人が自宅の金庫等に保管 ・弁護士等の士業や信頼できる人に保管を依頼してもよい	・原本を公証役場で保管 ・正本を本人が保管
メリット	・作成費用がかからない ・手軽に作成することができる	・改ざんや紛失の恐れがない ・法的に有効な遺言を残すことができる ・家庭裁判所の検認が不要 ・遺言の存在を明確にすることができる
デメリット	・改ざん、紛失の恐れがある・形式面で法的に無効になってしまう可能性がある ・相続開始後に家庭裁判所での検認が必要 ・死後、発見されない可能性がある	・作成に費用がかかる ・手続きが自筆証書遺言と比べると煩雑

⑦ 事実婚（内縁）である場合

⑧ 法定相続人がいない場合

⑨ 財産の一部を寄付したい場合

03

ケーススタディ

生命保険を活用して長女に多くの財産を遺した山口さん

遺留分を考慮しても大きな効果が期待できる

山口裕一さんの相談と悩み事

山口裕一さん（仮名・68歳）夫妻は、2人の子供がいましたが、長男は事業に失敗し、大きな借金を作り、度々山口さんにその工面を求めてきました。一方で近所に住む長女は、親孝行を長年に亘って続けてきました。山口さん夫妻としては、できるだけ多くの財産を長女へ相続させてあげたいと考えていますが、遺言を作成しても、遺留分によって長男には1／4の財産を主張する権利が依然として残ってしまいます。できるだけ多くの財産を長女に残してあげたい山口さん夫妻に何かいい方法はないのでしょうか。

「生命保険」の特性を活かした相続の方法

山口さんは3000万円の全財産のうち、2000万円を使って長女を受取人とする生命保険に加入しました。さらに全財産のうち、長男の遺留分に配慮して、1／4を長男に、3／4を長女に残す内容の遺言を作成しました。これにより生命保険金は受取人固有の財産と

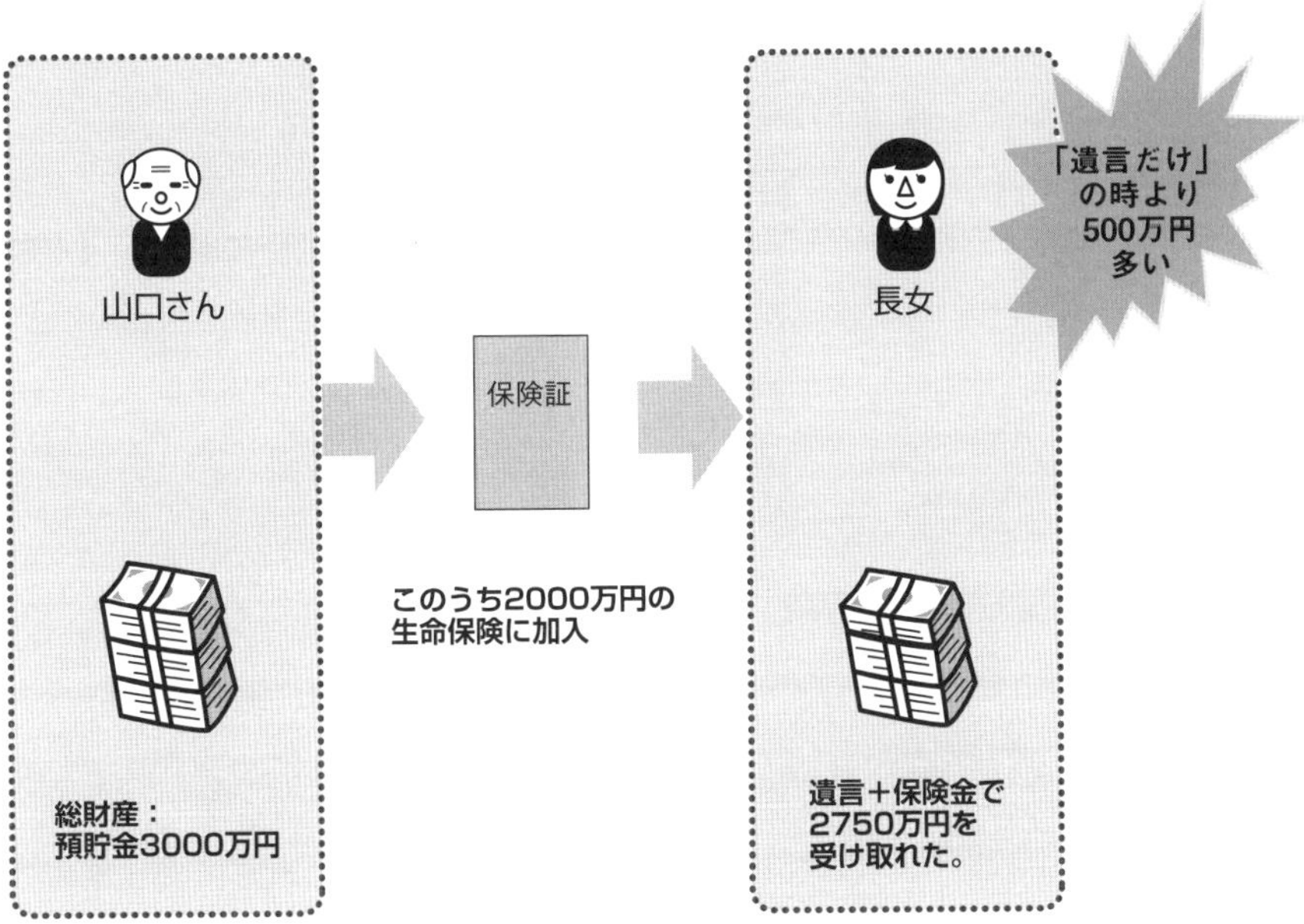
山口さん
総財産：
預貯金3000万円
保険証
このうち2000万円の
生命保険に加入
長女
「遺言だけ」
の時より
500万円
多い
遺言＋保険金で
2750万円を
受け取れた。

生命保険に加入せずに遺言で長女へ全ての財産を相続させた場合

	長男	長女
遺　言	なし	2250万円
遺留分	750万円	なし
合　計	750万円	2250万円

生命保険に 2000 万円加入して、遺言で長女へ残りの全ての財産を相続させた場合

	長男	長女
遺　言	なし	750万円
遺留分	250万円	なし
生命保険	なし	2000万円
合　計	250万円	2750万円

なり、「遺留分計算の対象とはならない」ため、生命保険金を除外した1000万円の1／4に相当する250万円が長男の相続分となりました。生命保険に加入していなければ、3000万円×1／4＝750万円が遺留分となっていたため、対策実施により長女に500万円も多く財産を相続させることができました。

遺留分とは？

遺留分とは、法律上認められた相続人の最低限の権利をいいます。例えば、亡くなった父親が全ての財産を寄付するという内容の遺言を残していたとします。この内容が実際に実現されてしまうと、残された家族が生活できなくなる等の不都合が生じます。そこで民法は、遺言によっても侵害することができない最低限の権利である遺留分を設けているのです。

相続で生命保険を活用する際のポイント

生命保険金は受取人固有の財産となり、遺留分計算の対象から除外されますが、やり過ぎると遺留分計算の対象になってしまうので注意が必要です。例えば本書の例で、山口さんが全財産の3000万円で生命保険に加入すると、長男の遺留分対象がゼロ円になってしまうことが原則ですが、ここまでやると生命保険分も遺留分の計算対象となってしまう可能性があります。

こんな人に向いています

・特定の人により多くの財産を相続させたい人

4-08 遺留分のイメージ

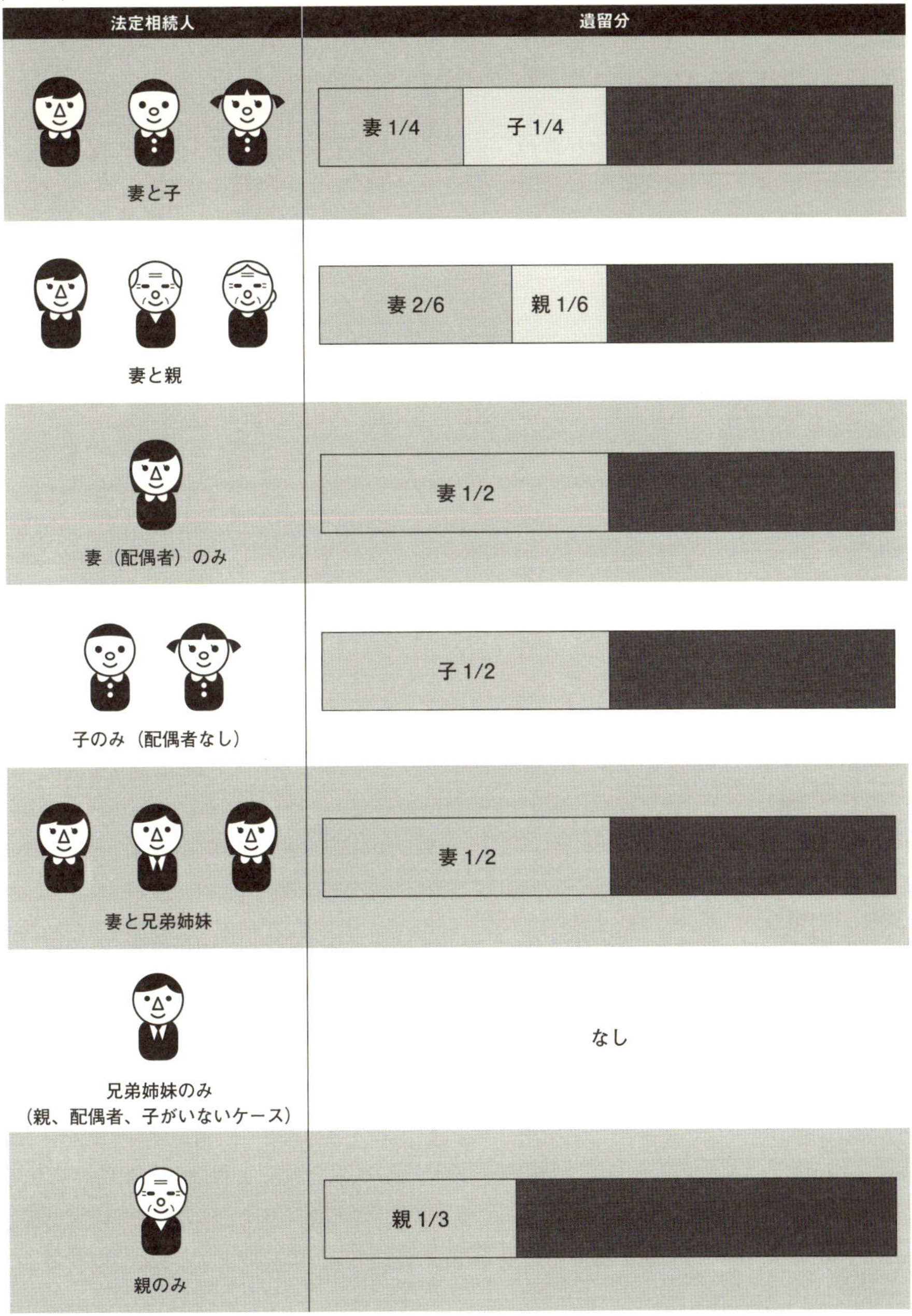

ケーススタディ 04

資産の大部分が自宅 代償分割を活用して争続を防いだ安藤さん

代償分割を活用して争族を防ぐ

和夫さんの相談と悩み事

安藤和夫さん（仮名・52歳）は3カ月前に母親が亡くなりました。父親はすでに亡くなっており、母親が遺してくれた財産は自宅の土地建物と、僅かな預貯金でした。長男である和夫さんは母親の世話や介護を長年に亘ってしてきましたが、母親が生きている時に、実家には顔を出さずに、ギャンブルで借金を作り親に迷惑をかけていた二男が、母親の相続後、突然実家に現れ自分の法定相続分を主張してきました。自宅は母親と同居していた和夫さんが住んでおり、今後も自分の子供たちに相続させ引き継いでいきたいと考えています。

「遺言を作成して」争族を防ぐ方法

そんな和夫さんのために、母親は和夫さんを受取人とする生命保険に加入していました。和夫さんと同居を始めた頃から、将来の相続のためにと少しずつ生命保険料を支払ってくれていたのです。この生命保険のおかげで、和夫さんは自宅を相続する代償として、生命保険

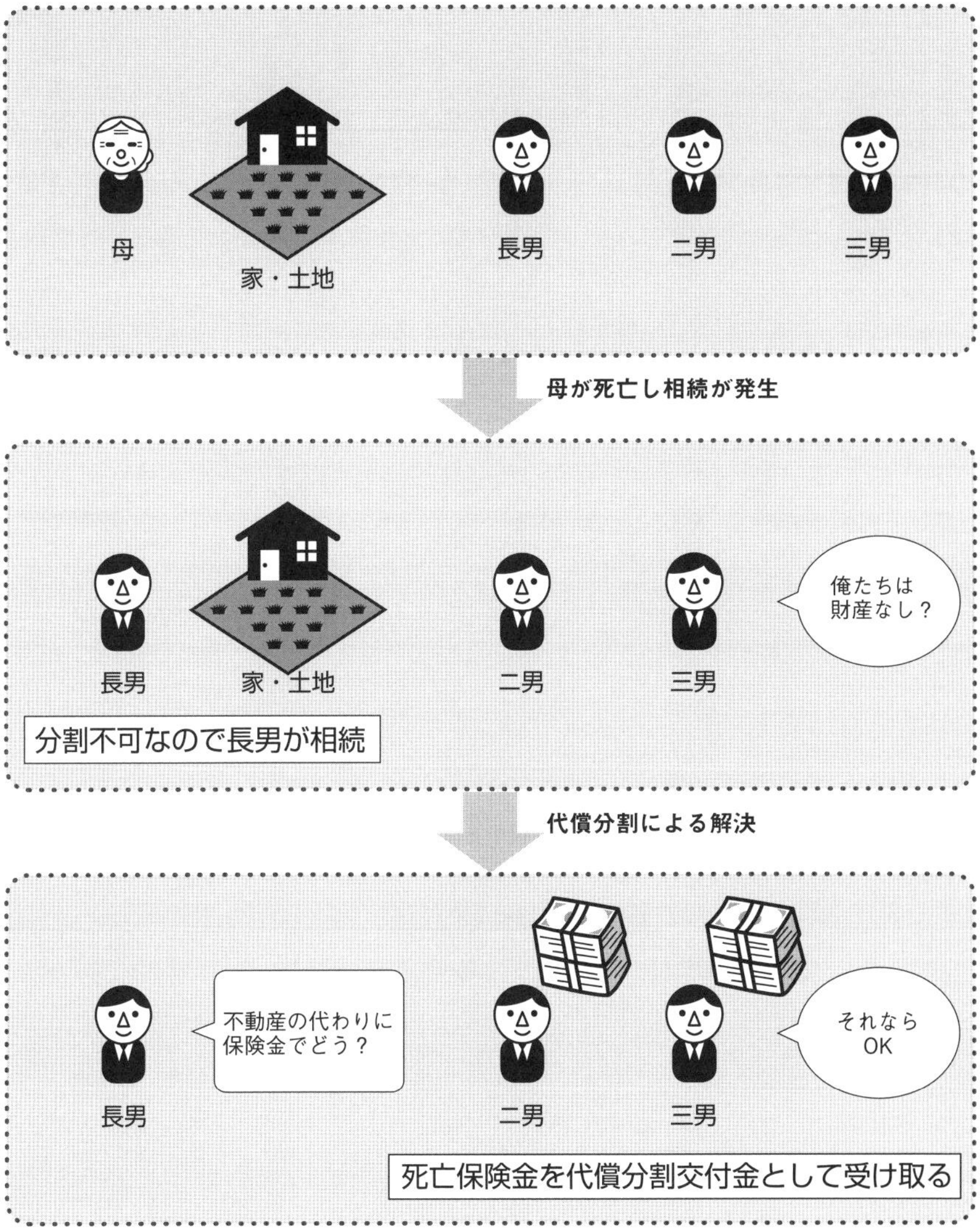
母
家・土地
長男
二男
三男
母が死亡し相続が発生
長男
家・土地
二男
三男
俺たちは
財産なし？
分割不可なので長男が相続
代償分割による解決
長男
不動産の代わりに
保険金でどう？
二男
三男
それなら
OK
死亡保険金を代償分割交付金として受け取る

金を他の相続人へ分配することができ、揉めずにすんだのです。

遺産分割の方法

遺産分割の方法は大きく3種類（①現物分割　②代償分割　③換価分割）あります（詳細は3章17ページを参照）。

①　現物分割

最も多くとられている標準的な方法です。遺産をそのまま各人が相続する方法です。

②　代償分割

代償分割は相続財産の大半を不動産が占めている等、現物をそのまま分割することが難しい場合等に、不動産等の財産を受け取った相続人が、その代わりに金銭等を他の相続人に支払う方法です。

③　換価分割

換価分割は相続する不動産が空き家等で使用予定がない等、遺産の使用見込みがない場合に、財産を売却して換金してから分割をする方法です。

こんな人に向いています

・財産の大半が不動産の方
・不動産を共有にしたくない方

第5章

押さえておきたい！お得な贈与の基礎知識と裏ワザ

05

ケーススタディ

余命わずかでも安心 孫に生前贈与をする

法定相続人以外への生前贈与なら節税ができる

裕一さんの相談と悩み事

85歳になる裕一さんは近年、持病の心臓病が悪化し、医師からは余命が3年程度だと言われています。自分の命が長くないことを知ってしまった裕一さんは相続のことを考え相続税の試算をしたところ、思いのほか相続税がかかってしまうことを知りました。そこで慌てて相続税の節税のために、2人の子供に生前贈与をしようと考えましたが、亡くなる直前3年内に生前贈与をしても無効になってしまうという話を聞いたことがあり心配になりました。

「孫への生前贈与」を使った節税方法

裕一さんのように相続開始までに時間がない場合、税務上は生前贈与において「相続開始前3年以内加算」という決まりが設けられています。これは亡くなる前、3年以内に「相続又は遺贈により財産を取得する者」に行った贈与については全て相続税の計算を行う際に、持ち戻して計算しなさいというものです。つまり亡くなる直前に慌てて相続人に生前贈与を

|5-01|6 人の孫へ 1980 万円を無税で贈与できた裕一さん

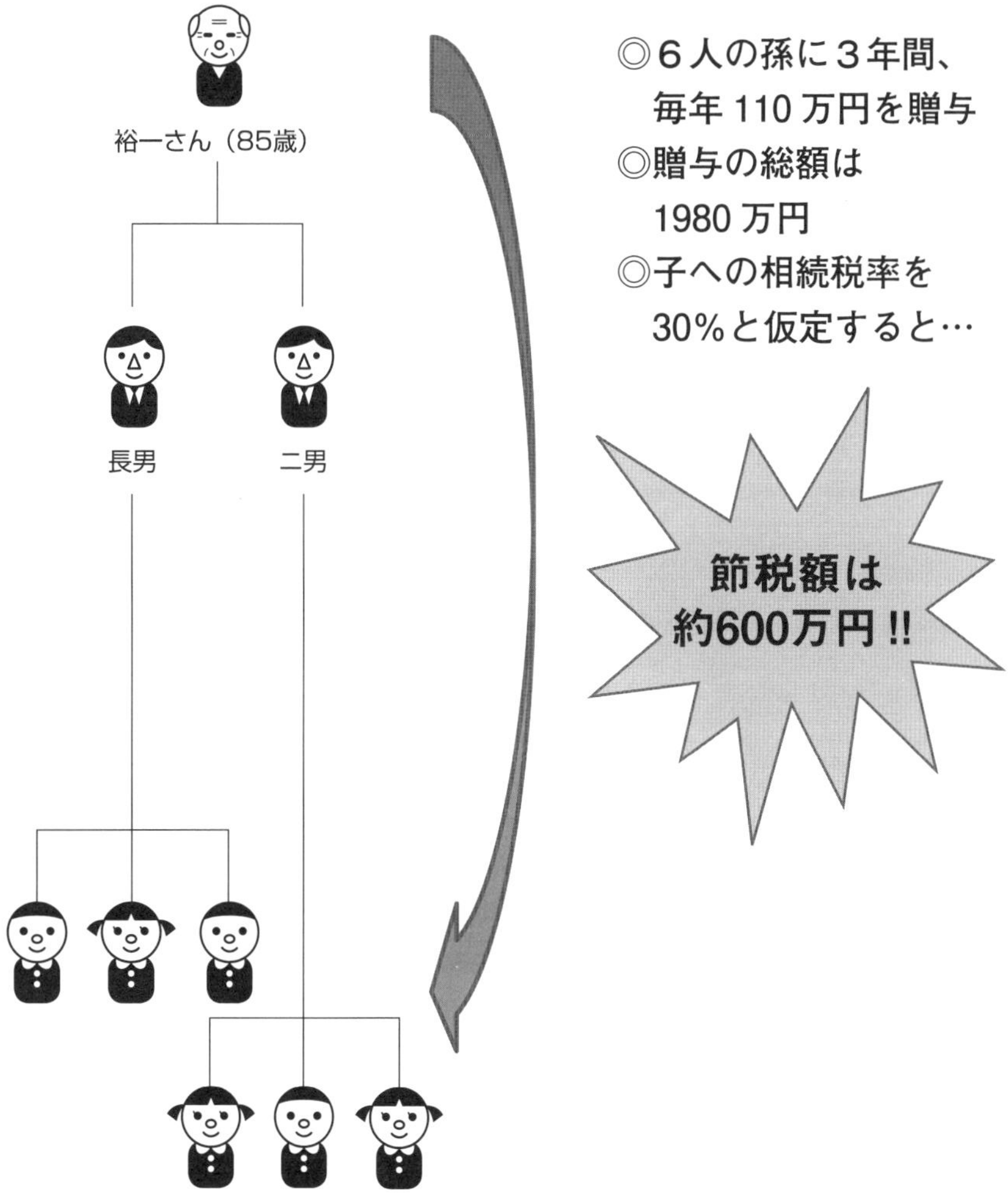
裕一さん（85歳）
長男
二男
◎６人の孫に３年間、
毎年 110 万円を贈与
◎贈与の総額は
1980 万円
◎子への相続税率を
30%と仮定すると…
節税額は
約600万円 !!

して、相続税を節税しようとしても全て無効となってしまうのです。

しかしこの「相続開始前3年以内加算」の規定は、「相続又は遺贈により財産を取得する者」の贈与にのみ適用されます。言い換えると、「相続又は遺贈により財産を取得する者」以外の孫や親族等に対しての贈与は相続開始前3年以内のものであっても、相続税を計算する際に考慮しなくてもよいのです。

そこで裕一さんは、かわいい孫6名へ年間110万円を3年間に渡って合計1980万円も無税で贈与することができ、相続税を節税することができました。

対税務署への注意点

裕一さんはいくら無税とはいえ、短期間に6名もの孫へ多額の財産を贈与しても税務署に指摘されないかと不安になっていました。しかし相続開始前3年以内加算が適用されるのは、あくまで「相続又は遺贈により財産を取得する者」に対するものと税法上決まっており、「相続又は遺贈により財産を取得する者」でない孫へ贈与を行うことはなんら問題となりません。

しかし178ページで紹介するように、その贈与が「連年贈与」や「名義預金」と認定されないための準備が必要です。

一世代飛ばしの節税効果も！

孫への贈与は世代を飛び越えた贈与であり、子供へ贈与するよりも長期的に見た場合には節税になります。通常は親の財産を子が相続した時点で相続税を支払い、次にその子が亡くなった時にまた相続税が発生しますが、孫へ贈与することで子世代が亡くなった時の相続税

の軽減につながるのです。

こんな人に向いています

・相続発生まで期間がない人
・法定相続人以外の贈与対象者が複数人いる人
・預貯金がたくさんある人

ケーススタディ 06

3300万円の現預金をコツコツ生前贈与する

年間110万円（非課税枠の上限）をフル活用

古藤さんの相談と悩み事

60歳になり長年勤めてきた上場会社を定年退職することになった古藤さん。真面目で倹約家であった古藤さんは、派手な生活をすることもなく、コツコツと会社からの給料を貯蓄にまわしていました。また古藤さんは、早くに結婚したこともあり3人の子供たちはすでに成人して、それぞれ独立しています。さらに古藤さんには親から相続した世田谷の自宅と賃貸アパートがあります。

仕事一筋だった古藤さんは定年退職を機に、近所の銀行で相続税の試算を依頼しました。すると思っていたよりも自分が死んだ後に相続税がかかることが分かったのです。

「生前贈与」を使った節税方法

古藤さんは、不動産を活用した相続税対策等には興味がなく、できるのであればまだ若い子供たちの生活援助のために「**生前贈与**」を行いたいという希望を持っていました。そこで、

●**生前贈与**
生きている個人から、財産を無償で他の個人

5-03 子への生前贈与のイメージ

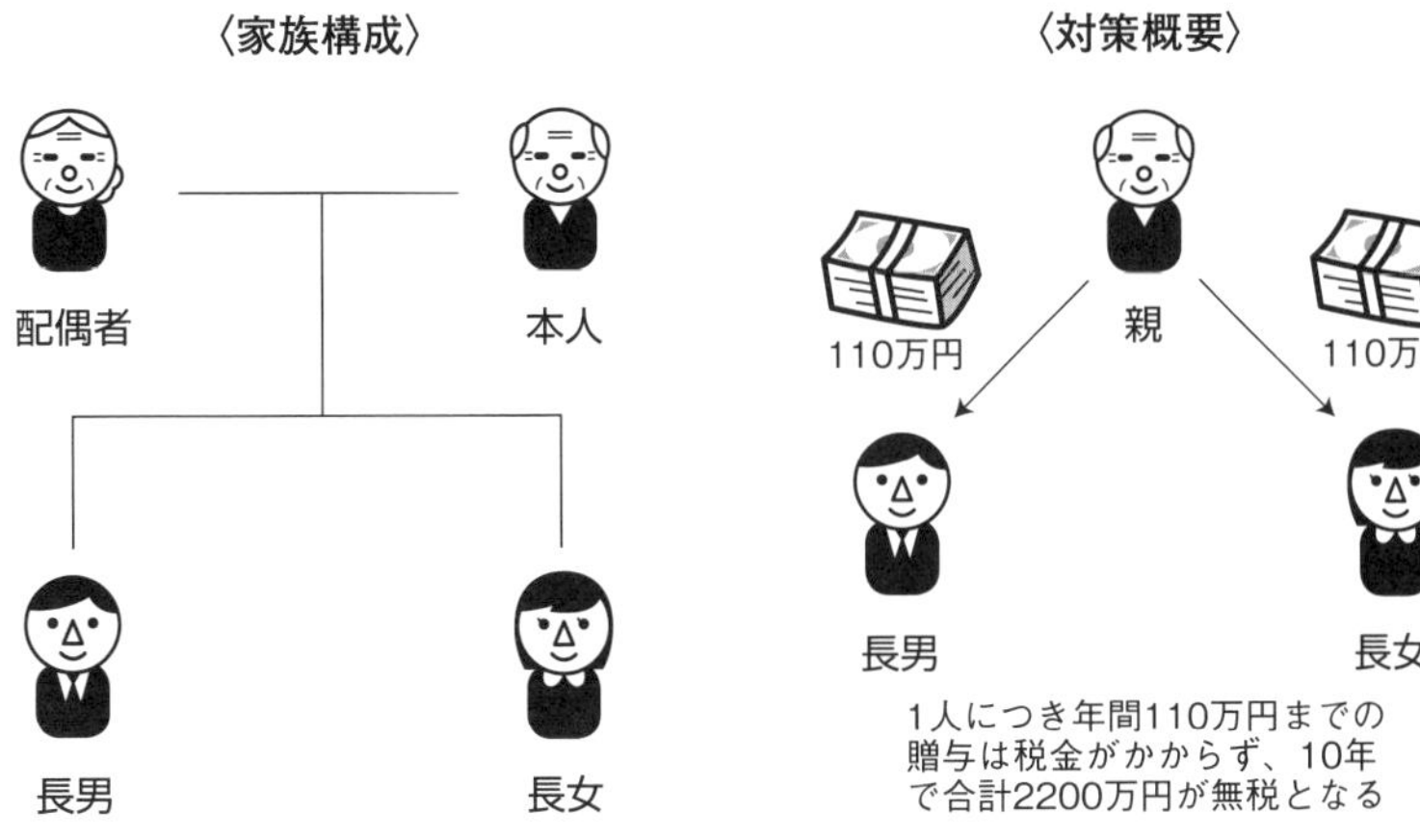

年間１１０万円の贈与税の非課税枠の範囲内で３人の子へ毎年１１０万円程度の贈与を10年間に亘り実施する節税の方法を選択しました。結果的に10年間で約３３００万円の現預金を無税で子世代へ移転することができ、相続税の節税に繋がりました。ただしこの対策は実行から終了まで期間を要するため、早めのスタートが大切です。

対税務署への注意点

しかし古藤さんはこんなに大々的に生前贈与を実施して、後で税務署から何か言われないだろうかと心配していました。生前贈与について、主な税務上の注意点は次の２点です。

① 連年贈与

税務上、連年贈与という言葉があります。例えば毎年１００万円を10年間に渡って贈与した場合に、当初から１０００万円贈与することが計画されていたとして、総額の

へ与えること。年間110万円以内の贈与であれば、無税で財産を贈与することができる。このため手軽にできる節税対策として有名である。

1000万円に対して贈与税が課税されてしまうのです。後で計画的だと言われないための工夫が必要です。

② 名義預金

法律上、贈与の成立要件は財産を渡す人と受け取る人の双方が意思を持ってはじめて成立します。つまりお父さんが子供の知らないところで、子供名義の口座を作成して預金をしている場合や、子供名義の通帳を作っても、通帳や印鑑等の管理は全て親が行っているような場合には贈与が不成立となってしまいます。子供名義の通帳に、親が預金を振り込んでいたが子が知らなかった場合の預金を名義預金といい、相続時には全て相続税の対象となり、せっかく行った贈与が水の泡となってしまいます。

税務署に対する具体的な対策

そこで後から税務署に何も言われないために、いくつかの注意点を守りながら生前対策を実施しましょう。

① 年の贈与額を変える

1年目は110万円、2年目は90万円、3年目は100万円というように年毎に贈与額を変えることで、贈与についての計画性を指摘されないようにします。連年贈与だと税務署が指摘してきた場合、連年贈与であることを立証する責任は税務署にあるため、毎年の贈与額を変えることで事後的な立証を困難にする狙いがあります。

② 贈与契約書を毎年作成する

贈与の成立を事後的に証明するための証拠として、渡す人と受け取る人の双方が署名押印する贈与契約書を作成することで贈与の事実を事後的に証明できます。

③ 通帳や印鑑の管理まで全て贈与する

後々に税務署から名義預金であると指摘を受けないために、贈与をした後は通帳や印鑑、キャッシュカード等も含めて全て子供へ渡し、子供が実質的に預金を自由に使用できる状態にしておくことが重要です。

こんな人に向いています

- 相続発生まで期間がある人
- 贈与対象者が複数人いる人
- 預貯金がたくさんある人

07

ケーススタディ

収益不動産を子供へ贈与して財産の蓄積を防止する

本来なら本人に貯まるはずの収入を子供に移転

木村さんの相談と悩み事

木村さん（仮名・55歳）は親からの相続で複数の収益不動産を所有しています。毎年の賃料収入があり、木村さんの財産として今後毎年の賃料収入が蓄積されていくことが予想されます。賃料収入があることは有難いと思う一方で、相続税額を試算したところ、すでに相続税がかかる状態であり、今後賃料収入が上乗せされていくことで、将来の相続税負担が大きくなることが予想されました。

賃貸物件の贈与には「相続時精算課税制度」を組み合わせる

そこで木村さんは、自分の子供へ賃貸アパートの建物だけを贈与しました。賃貸アパートの毎年の賃料収入は建物の所有者に帰属しますので、今後の賃料収入は子供に入ることになります。また建物の贈与にあたっては、贈与税負担を避けるために「相続時精算課税制度」を使い贈与を行いました。木村さんが贈与した建物の年間収益は約500万円ありましたの

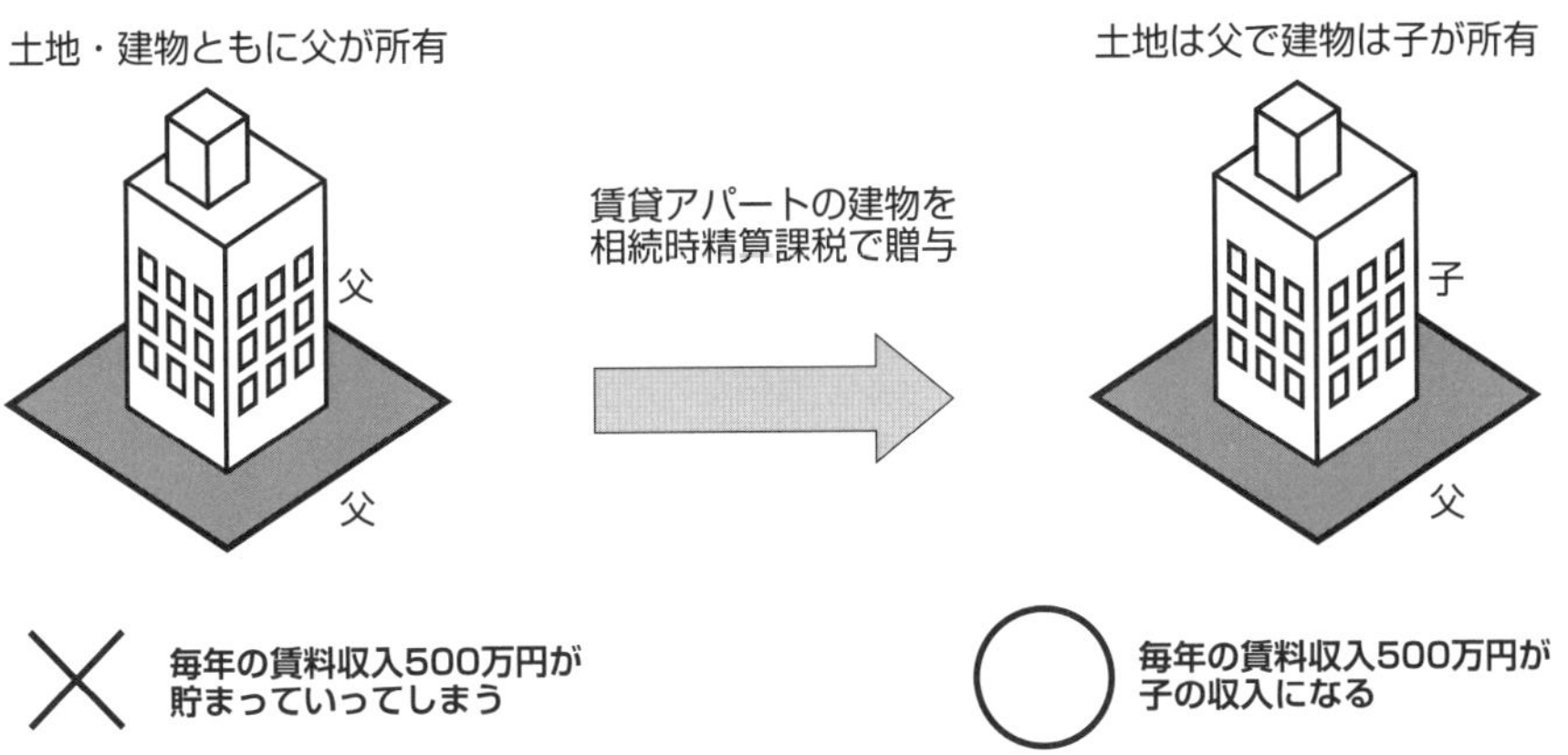
土地・建物ともに父が所有
父
父
賃貸アパートの建物を
相続時精算課税で贈与
土地は父で建物は子が所有
子
父
毎年の賃料収入500万円が
貯まっていってしまう
毎年の賃料収入500万円が
子の収入になる

で、仮に木村さんが20年間、自分で保有していた場合と比べて1億円（5 0 0万円×20年）も財産の蓄積を防ぐことができ、大きな節税に繋がりました。

相続時精算課税制度とは？

相続時精算課税制度とは、60歳以上の直系尊属から20歳以上の子や孫への贈与については2 5 0 0万円まで非課税になるといった制度です（平成26年12月31日までは、65歳以上の親から20歳以上の子となる）。2 5 0 0万円を超える部分の贈与については、一律20％の贈与税がかかります。

相続時精算課税制度は、その名のとおり相続時に精算されるものですので、実際に相続が発生した場合には、この制度を利用して贈与した金額を全て相続財産に加えて計上する必要があります。このため、相続税がかかる人にとっては節税効果がないようにみえます。しかし賃貸アパートのような収益を生み出す資産を贈与することで、本来であれば本人に貯まっていくはずの収入を子供に移転することができるため、間接的に相続税の節税になるのです。

対策実施上の注意点

相続時精算課税制度の適用にあたっては次のような注意点があります。

① いったんこの制度を利用すると、年間110万円まで無税となる**暦年贈与制度**に戻ることができません。このため年間110万円の贈与と、収益不動産の贈与とで、長期的にみてどちらが有利になるかを慎重に判断しなければなりません。

② 相続時精算課税制度によって贈与を受けた財産が、その後に滅失（火災や倒壊等）したとしても、相続発生時には贈与時の価額で計上しなければならないため、万が一のことが起きた際には相続税の負担が大きくなってしまいます。

こんな人に向いています

・相続発生まで期間がある人
・収益不動産からの賃料収入が多い人

●**暦年贈与制度**
1月1日から12月31日までの間（暦年）に、受けた贈与額が110万円以下なら、贈与税の申告をする必要がなくなる制度のこと。

5-06 相続時精算課税制度を選択すると？

	相続時精算課税	暦年課税
贈与税	①贈与財産の控除金額 **特別控除額　2500万円** ②税率 **一律20%**（特別控除額を超えた部分に対して） ※「住宅取得等のための資金」の贈与時も特例あり	①贈与財産の控除金額 **特別控除額　110万円** ②税率 ※課税価格に応じて算出
相続税（相続時）	「相続財産の価格」＋「贈与財産の価格（贈与時）」－納付済みの贈与税額	通常の相続税と同様だが **相続開始前の3年以内** に贈与された場合は、贈与財産の価格を加える

注：平成26年12月31日までは、贈与者が「65歳以上の親」、受贈者が「20歳以上の子」となっていたが、税制改正によって、対象者の範囲が拡大した。

08

ケーススタディ

贈与した財産の無駄遣いを防ぐため子供に保険をかける

贈与税はかかるが浪費が防げる

小松さんの相談と悩み事

小松さんは一部上場企業の取締役にまで昇進し、定年を迎え、退職金を受け取りました。しかも高い給料を長年に亘り受け取ってきたので、退職金の他にも多額の預貯金があります。このため、相続税がかかる心配があり、少しでも節税したいと考え、長男と長女に生前贈与を行おうと考えています。しかし子供たちはまだ若いので、贈与したお金を無駄遣いせずに将来のために使ってほしいと思い、まとまったお金を生前贈与することを躊躇しています。

「生前贈与と生命保険の組み合わせ」を使った節税方法

そこで小松さんは、毎年、長男と長女に310万円ずつを贈与し、20万円の贈与税を支払った後の手残り290万円で、子供が契約者になり、親を被保険者として生命保険に加入する対策を行うことにしました。通常の生命保険は親が契約者になって、親が亡くなった時に子供に生命保険金が支払われるという形態です。この方法をとることで、生前贈与を行いなが

5-07 生前贈与を受けても子が無駄遣いしない

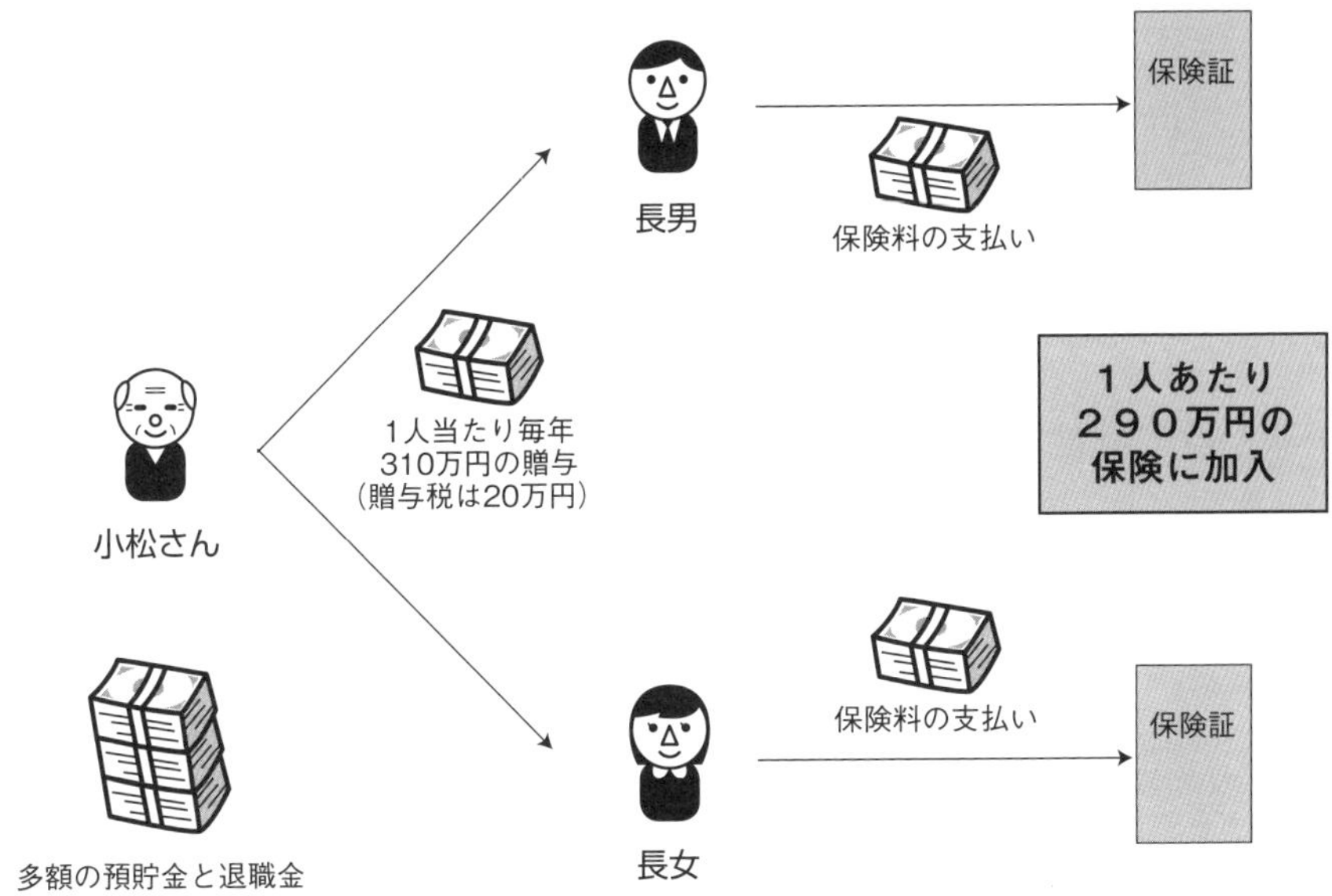

5-08 同じ保険金でも税の種類が違う

子が払うのがポイント

	契約形態 A	契約形態 B
契約者 (保険料の支払いをする人)	親	子
被保険者 (保険の対象となる人)	親	親
保険金受取人	子	子
課税	相続税 (最高で 50%)	所得税 (最高で 25%)

ら子供がそのお金を無駄遣いすることなく、将来の資金需要に備えることが可能となりました。

前ページの図5－08では、契約形態Aの場合には、死亡保険金に対して相続税が課税されますが、契約形態Bの場合には、あくまで保険料を支払ったのは子供ですので、相続税ではなく、死亡保険金に対して相続税よりも税率が低い所得税として課税されます。

以上のポイントをまとめると、次のようになります。

① 生前贈与を実施しながら、相続税の節税対策ができる。
② 親に万が一のことがあった際に、死亡保険金が支払われるため、将来の納税資金に繋がる
③ 生前贈与をしたお金で生命保険に加入するため、子供が贈与したお金を無駄遣いする心配がなくなる
④ いざという時には、この生命保険を解約することで、急な資金需要にも対応することができる

こんな人に向いています

・子や孫に生前贈与はしたいけれど、無駄遣いはしてほしくない
・将来の相続税の納税資金対策をしたい

第6章

大増税時代到来！相続税で得するワザを一挙公開

09

ケーススタディ

相続税の対象とならないお墓を生前に購入する

常識的な範囲の価格であれば節税が期待できる

加藤さんの相談と悩み事

加藤さん（仮名・78歳）は、医師から余命半年と宣告をされました。自分が亡くなったら、相続税がかかると知っていた加藤さんでしたが、特に相続税の節税対策等はしていませんでした。相続発生まで時間がなく、直前でもできる相続税の節税対策を少しでも生前にやっておきたいと考えていますが、なかなか実行できそうな対策が見つかりません。そんな中、自分が亡くなった時のお墓がないことに気付き、お墓を生前に購入しておくことで節税にならないかと考えました。

お墓は相続税の対象にならない

お墓は、相続税法上非課税財産とされており、相続税の対象とはなりません。通常お墓は死亡後に購入しますが、相続税の対象となる現金を生前にお墓にすることにより相続税を節税することができます。

6-01 相続税を払った後にお墓を買うと？

生前に本人が購入
非課税財産なので相続税の対象外
○×家
亡くなった後に遺族が購入
相続税を支払った後に購入しても、税金の還付はない
○×家

6-02 お墓以外の非課税財産の例

仏具
仏壇
神具

非課税の対象となるのは、墓地、墓石のようなもののほか、これらのものの尊厳の維持に要する土地その他の物件も含みます。なお、お墓以外でも神棚、神具、仏壇、位牌、仏具等で日常礼拝の用に供しているものも非課税財産となります。

対税務署への注意点

お墓の生前購入の注意点は左記の2つです。

①社会通念上適正と認められないくらい高価なものを買うケース

例えば、何千万円もする純金の仏壇等は骨董品または投資の対象と認められ、非課税財産とはならないため注意が必要です。

ちなみ、お墓の主な平均購入価額は全国平均で160万円ほどで東日本平均ですと200万円、西日本平均ですと150万円ほどとなっています。

②お墓等の代金の支払いが未払いのまま亡くなったケース

非課税財産に係る債務は相続財産から控除できる債務の対象とはなりません。生前にお墓を購入されたとしても未払いのまま亡くなってしまった場合には節税になりませんので生前に支払も必ず済ませるようにしましょう。

こんな人に向いています

・相続開始まで時間がない方

ケーススタディ

10

節税のためかわいい孫を養子縁組する

税務署から租税回避とみなされないよう万全の対策をしよう

高橋さんの相談と悩み事

高橋さん（仮名・75歳）は東京郊外の地主です。このため相続が発生すると多額の相続税がかかることが分かっていますが、財産の大半が土地であるため相続税の納税資金が不足している状況です。少しでも相続税を節税して、先祖代々守ってきた土地をより多く次の世代に相続させてあげたいと考えています。最近、高橋さんの一人息子に待望の孫が誕生しました。かわいい孫の顔を見ていると、この子のためにも息子を相続税で苦しませてはならないと思う毎日です。生前贈与はしたいけれど、お金はない。そこで相続税を節税する方法として、法定相続人の人数を増やす養子縁組が浮上してきました。

法定相続人が増えると相続税が少なくなる

高橋さんは長男夫婦と相談をして、孫を高橋さんと養子縁組させせました。日本の相続税の計算方式は、「法定相続分課税方式」と言われており、法定相続人の人数が増えるほど相続

6-03 養子縁組で法定相続人を増やして節税

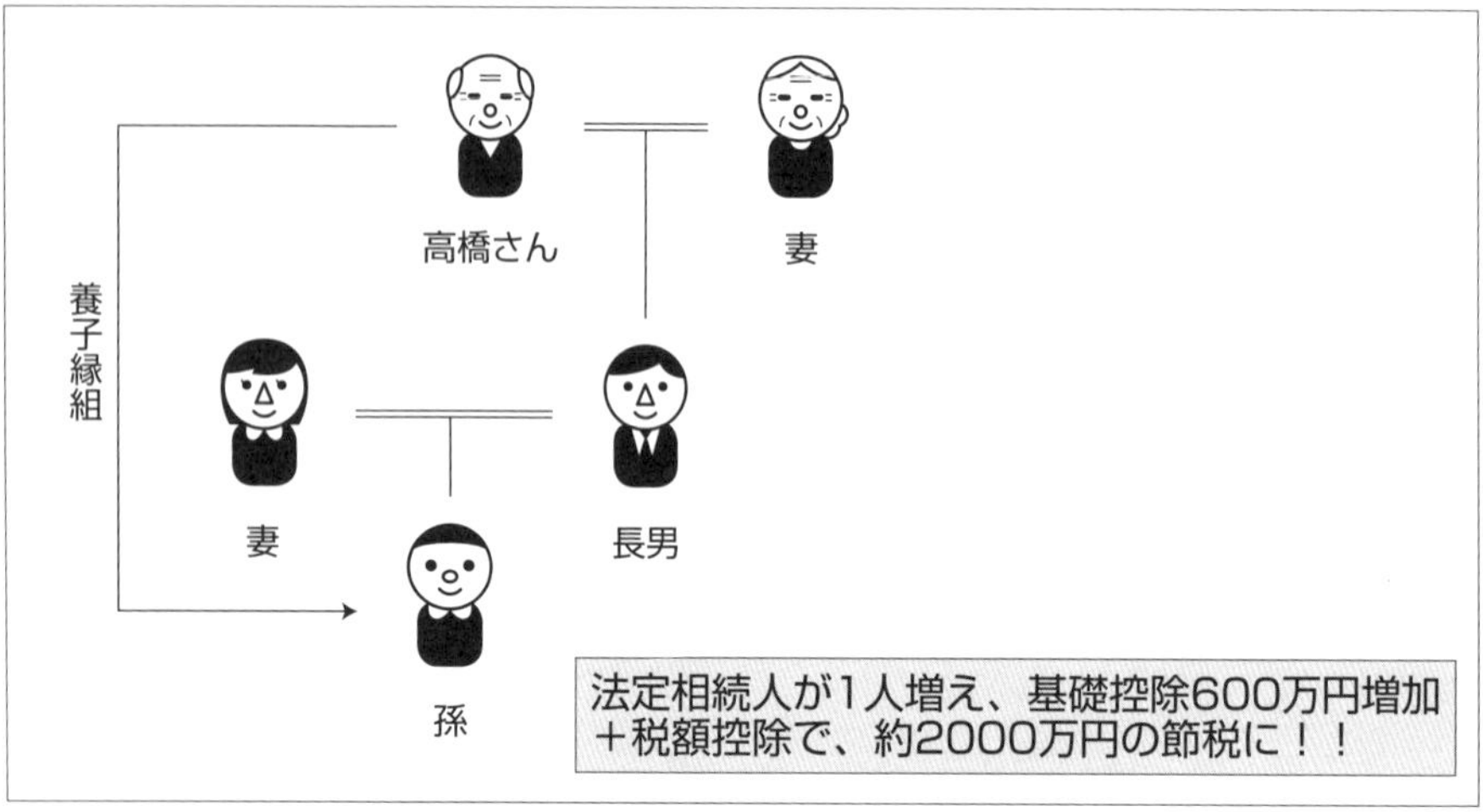
高橋さん
妻
養子縁組
妻
長男
孫
法定相続人が1人増え、基礎控除600万円増加
＋税額控除で、約2000万円の節税に！！

税が少なくなる仕組みになっています。高橋さんは3億円の財産がありましたが、孫と養子縁組するだけで、約2100万円の節税になりました。また相続税の節税のみならず、自分が死んだ時には孫にも自分の子供と同じように財産を相続させることができます。

養子縁組と相続税対策

相続税の計算上、養子の法定相続人追加の数を無制限に認めると、租税回避行為に繋がるため、相続税法は養子の数に制限を設けています。実子がいる場合には「1人まで」、実子がいない場合には「2人まで」認められています。ポイントは左記の通りです。

① 民法上は養子の数に制限はない

相続税の計算上、考慮される養子の人数には制限があるため注意が必要。ただし民法上は、養子の数に制限はないので、養子にしたい人が複数いる場合には養子縁組すること自

6-04 相続税法で定める養子縁組の上限

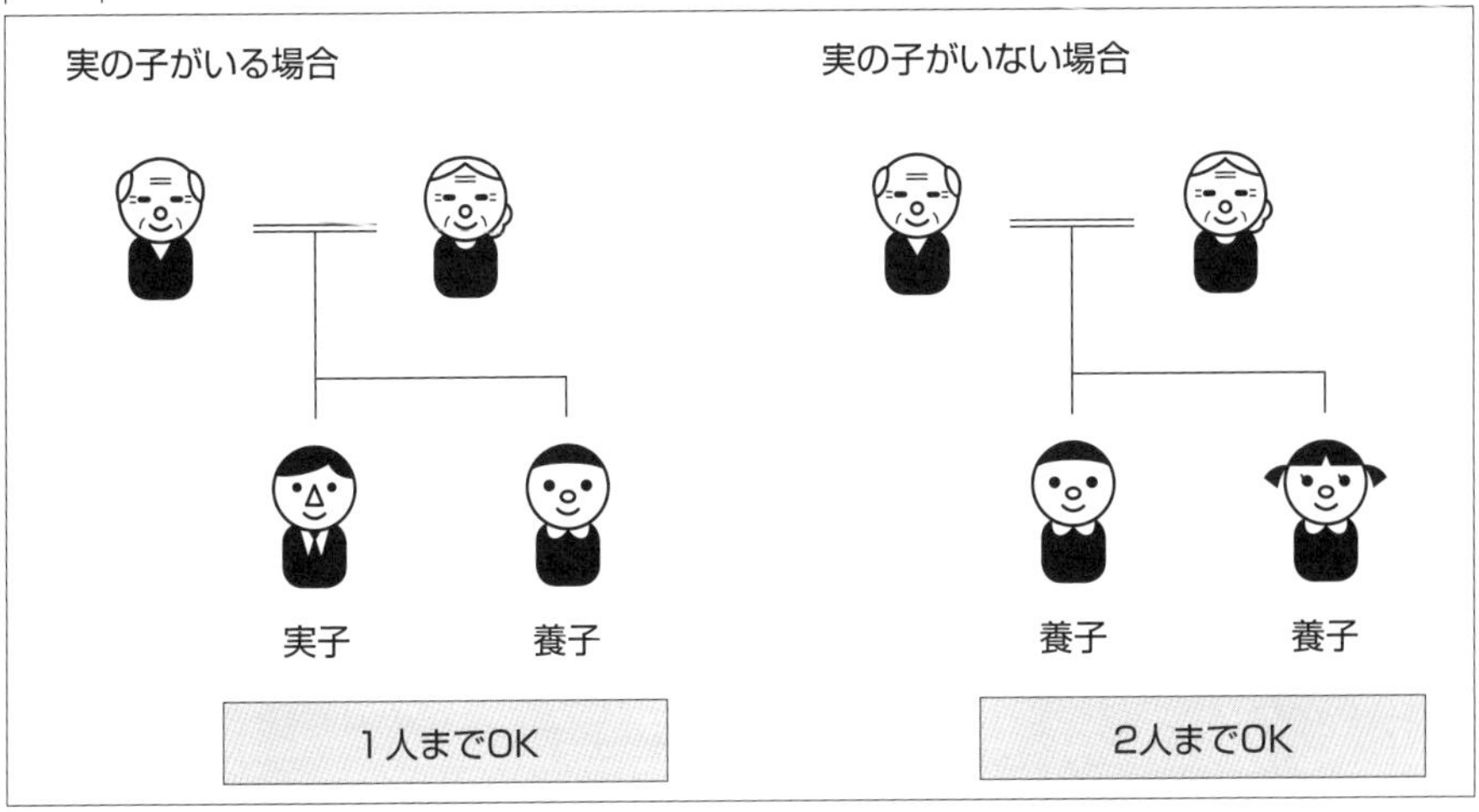

体には法的に問題はない。

② **対策は早めに**

例えば相続開始1週間前に養子縁組する等、極端なケースでは税務署から租税回避と見做されるケースもあるため、養子縁組の対策を行うのであれば早めに。

③ **孫養子の相続税は実子の2割増し**

孫養子が財産を相続した場合、相続税が実子と比べ2割加算されるため、財産をどの程度相続するかどうかは検討が必要。

④ **遺言を残そう**

養子も実子と同じように法定相続権を持つため、分割方法で揉め事が起きないように遺言も併せて残しておくことが望まれる。

こんな人に向いています

・相続税の納税資金が不足している人
・養子にしてもいい孫や子の配偶者がいる人

11

ケーススタディ

生命保険の非課税枠を活用する

自分にマッチした商品を探そう

宮本さんの相談と悩み事

宮本さん（68歳・仮名）は長年勤務した東京の中堅化学メーカを退職し、老後の余生を静かに愉しんでいました。ある時、相続税について書かれていた新聞記事を読み、思ってもみなかった相続税がかかることが分かりました。宮本さんは、奥さんと子供2人の家族ですが、親から相続した自宅と、長年コツコツ貯めた預貯金を合わせると相続税の基礎控除を1500万円程、超えていたのです。自分の家は資産家でもないし、決して多くはない稼ぎの中から貯めた資産に相続税が課税されてしまうことに宮本さんは納得ができません。

相続税の基礎控除を超えた分を生命保険の非課税枠でカバー

相続税の計算においては、生命保険契約によって支払われる死亡保険金については、非課税枠（500万円×法定相続人の人数）が設けられており、宮本さんは生命保険に加入することで非課税枠を上手く利用できます。宮本さんの場合は、法定相続人が3名いますので、

6-05 死亡保険金の非課税枠を使って節税

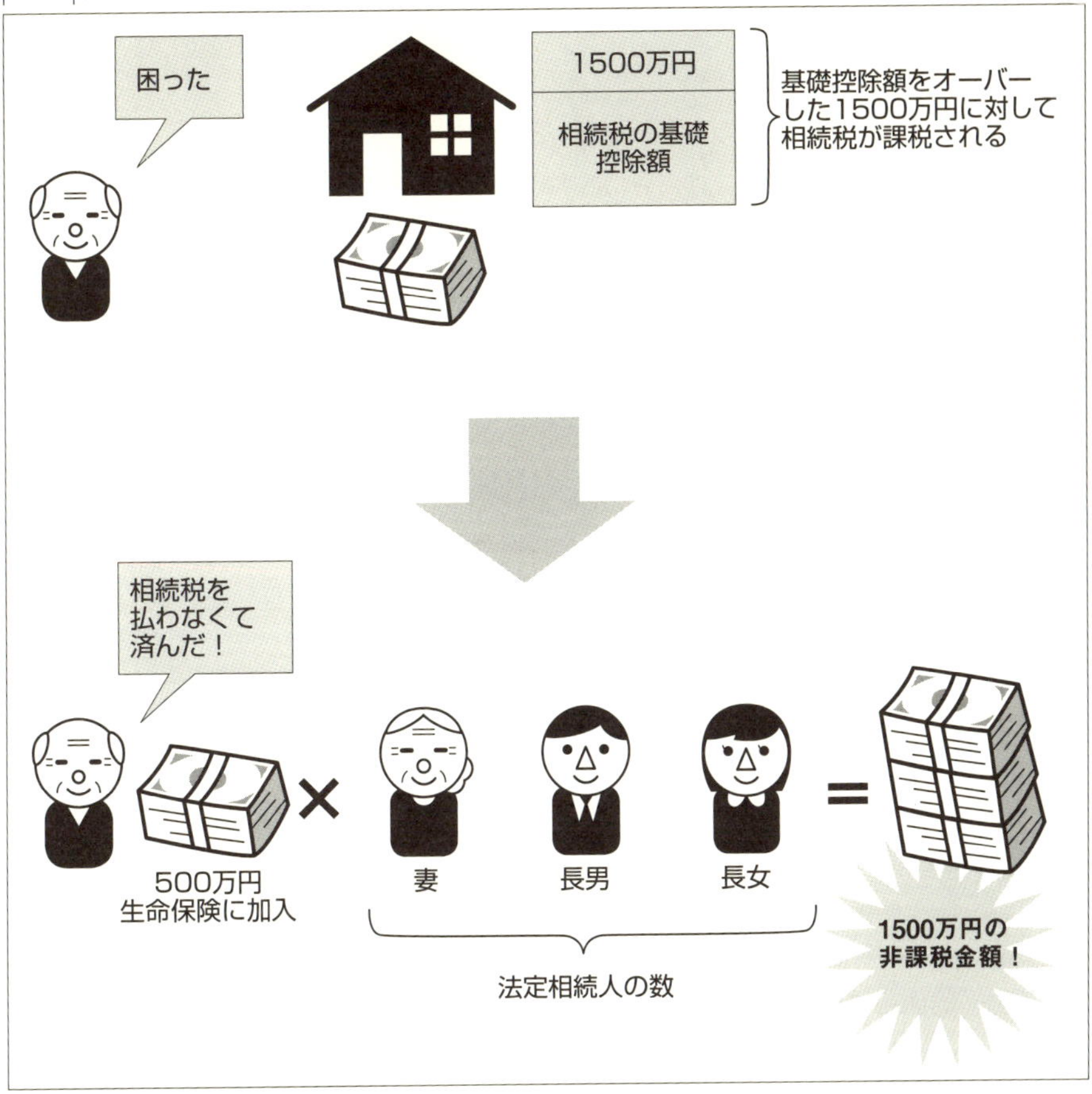

困った
1500万円
相続税の基礎控除額
基礎控除額をオーバーした1500万円に対して相続税が課税される
相続税を払わなくて済んだ！
500万円
生命保険に加入
妻
長男
長女
法定相続人の数
1500万円の非課税金額！

死亡保険金が1500万円までであれば非課税となります。相続税の基礎控除を1500万円超えていたので、ちょうどこの部分が非課税となり、宮本さんには相続税がかからなくなります。このように生命保険の非課税枠を活用することで、相続税の基礎控除に加えて、相続税が非課税となる範囲が拡大します。

節税のためのポイント

生命保険を活用しようという人は、次の2点に注意しましょう。

①　相続税の納税資金対策にもなる！

相続税の発生が予想される人が生命保険に加入しておき、実際に相続税を支払う人を受取人に指定しておくことで、仮に相続が発生したとしても、相続税の納税に慌てることなく財産を取得した相続人が余裕を持って死亡保険金を原資に相続税を納税することができます。

②　せめて非課税枠限度までは活用しよう

生命保険に加入しておらず、相続税が発生する人は、せめて500万円×法定相続人の人数までの生命保険に加入しておくことが望まれます。生命保険は、株や不動産等と違いリスクが低いため、確実に相続税を節税しながら、次の世代に財産を承継できる方法です。被保険者の年齢が90歳近くでも加入できる保険商品もありますので、非課税枠まで生命保険に加入していない方は加入を検討するといいでしょう。

高齢や持病を抱えていても加入できるタイプの保険もある

この生命保険の非課税枠は相続人の人数×500万円までは、相続税が非課税となりますが、相続人が複数人いて、誰か1人だけが受取人となっている場合であっても非課税枠を最大に使用することが可能です。例えば子供が3人いて、長男だけを受取人とする生命保険金1500万円に加入していた場合であっても、長男が1500万円全ての非課税枠を使うことが可能です。

なおこの対策で使用する保険の種類は、一時払いタイプの終身保険が想定されますが、そのような場合に、被相続人が高齢であったり、持病を抱えていても加入できるタイプの保険も数多くありますので、相続税対策が必要な方はあきらめずに商品種類の有無を相談してみるとよいでしょう。

こんな人に向いています

・相続税がかかるけれど、生命保険に加入していない人
・生命保険には加入しているけれど、非課税枠（500万円×法定相続人の人数）が余っている人

12

ケーススタディ

自宅の引っ越しで小規模宅地の特例を活用する

1㎡あたりの相続税評価額が高いほど減額効果が大きい

小林さんの相談と悩み事

小林さん（仮名・65歳）は東京の郊外に自宅を保有しています。庭付きで広さは500㎡ありますが、都心からは電車で1時間程の距離にあるため、地価は高くなく、相続税評価額で3000万円程です。小林さんの一人息子は結婚し、東京都心部の賃貸マンションに暮らしていますが、小林さんの自宅までは遠いため頻繁に行き来することができず、孫の顔を見るのも一苦労です。可能であれば孫の顔をすぐに見に行ける都内に引越をしたいと考えています。将来の相続税のこともあり、何かいい方法はないかと考えていたところ、**小規模宅地等の特例**の存在を知りました。

330㎡までの相続税評価額が80％減に!?

一定の要件を満たせば330㎡まで土地の相続税評価額が80％減額になる小規模宅地等の特例ですが、1㎡あたりの相続税評価額が高いほど減額効果が大きくなります。このことを

●小規模宅地等の特例
小規模宅地等の特例（特定居住用宅地の特例）とは、主に「亡くなった人が住んでいた自宅を、配偶者もしくは同居している相続人等が相続すると、330㎡まで80％減額

6-06 小規模宅地特例とは？

330㎡までは
80%減額※
自宅を父が所有
配偶者もしくは同居している
相続人等が相続

※2015年1月1日から適用。それ以前の限度面積は240㎡まで

利用して、小林さんは東京都心に240㎡程度の一戸建てを8000万円で思い切って購入しました。これにより、従来は500㎡のうち240㎡まで適用できなかった小規模宅地等の特例をフル活用することに成功しました。

引越前は3000万円÷500㎡×240㎡×80％＝▲1152万円に特例の減額効果は留まっていましたが、引越後は8000万円÷240㎡×240㎡×80％＝▲6400万円と特例の適用額が大きくなりました。

こんな人に向いています

・相続税評価の低い郊外に自宅がある方
・大きく節税したい方

となる、非常に評価の減額効果が大きい特例です（2015年1月1日からの税制改正後の数字。それ以前は240㎡まで）。

13

ケーススタディ

投資用ワンルームマンションを複数購入する

分けることで遺産分割も円満に

横山さんの相談と悩み事

横山さん（仮名・68歳）の財産は大半が預貯金であり、不動産は自宅のみでした。財産全体のバランスから不動産の割合を増やそうと考えていましたが、初めての不動産投資となるため、大きな一棟の収益不動産を購入することにはリスクもありますし、不安に感じています。また子供が2人いるため、できるだけ不動産は共有ではなく、分けやすい形で残してあげたいと思っていますが、大きな一棟の収益不動産を買ってしまうと、後々、子供が分けづらくなり喧嘩になってしまうことも想定されます。そこで、ワンルームマンションを購入する案が出てきました。

ワンルームマンションは時価と相続税評価額の差が大きい

横山さんは、1500万円ほどする投資用マンションを長男と次男のために2部屋購入（合計3000万円）しました。これにより相続税評価額が大きく下がり、3000万円で購入

6-07 投資マンションを相続すると節税になる理由

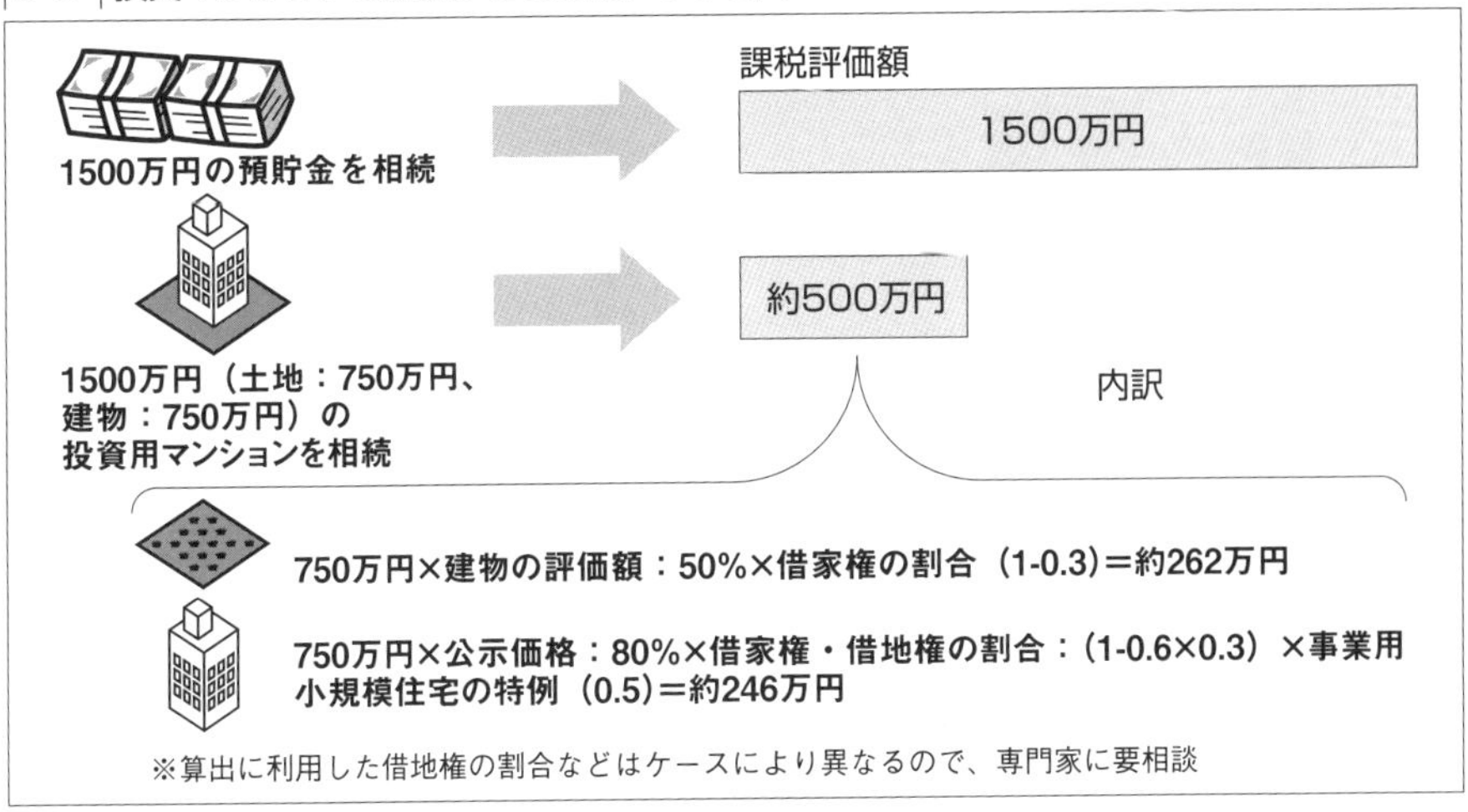

※算出に利用した借地権の割合などはケースにより異なるので、専門家に要相談

した投資用ワンルームマンションの評価額が、約３分の１の１０００万円程になりました。また１部屋ずつの購入となり、長男と次男にそれぞれ公平に財産を残すことができるため、遺産分割も円満にいくことが予想されます。

投資用ワンルームマンションが相続税の節税になる理由は、「時価と相続税評価額の差」が大きいためです。図表の例では、１５００万円の現金で投資用ワンルームマンションを購入すると、相続税評価額が約３分の１にまで減ります。これは建物や土地の相続税評価には、時価とは異なる評価方法や様々な特例があるためです。

不動産の共有のデメリット

不動産を共有にするという選択肢もありますが、デメリットを踏まえた上で決めましょう。

① 何をするにも共有者全員の同意が必要

相続する際に、不動産が共有状態（複数人

で不動産を所有する）になってしまうと、後でトラブルになった際に不都合が生じます。例えば、共有者の1人が土地を売却したいという希望があっても、他の共有者全員の同意がなければ売却をはじめ、建築や活用等を行うことができません。

② 相次ぐ相続で権利関係が複雑に

例えば兄妹2人で共有で相続した後で、どちらかが亡くなった場合には、その子供たちが共有名義に加わります。そうすると共有者が多くなり、どんどん枝分かれしてしまい共有者が10名以上になっている不動産は珍しくありません。このような状態になってしまうと、売却や活用において共有者全員の同意を得ることは難しくなってしまうでしょう。

投資用ワンルームマンションは節税効果大!?

相続税の節税対策のために、不動産を購入することは相続税の節税対策として非常に有効ですが、特に投資用ワンルームマンションは相続税評価の減額に繋がります。マンションの一室の相続税評価を行う場合、マンションの建物部分とそれに付随する敷地権とに分かれます。そしてマンションの場合、土地全体を上に建っているマンションの部屋の所有者で共有していると考えるため、一戸建てを所有している人や一棟建てのアパート等を所有している人と比べて、土地を持っている割合が少なくなります。

また投資用ワンルームマンションの場合には、建物部分が「貸家」の評価で30％減額され、さらに敷地部分も「貸家建付地」の評価で約20％減額されます。このため投資用ワンルームマンションへの投資による相続税対策は、大きな節税効果があると言われています。

こんな人に向いています

・自宅以外に不動産を所有していない人
・預貯金の額が多い人
・大きく相続税を節税したい人

14

ケーススタディ

相続財産をNPOなどの公的機関に寄付する

相続財産から寄付した場合はその分が課税対象外となる

中川さんの相談と悩み事

中川さん（45歳・仮名）は父親から多額の財産を相続しました。父親は大企業の役員として活躍していましたが、ボランティア活動等の社会貢献活動にも力を入れていました。そこで父親から受け継いだ遺産の一部を、子である中川さんも社会貢献のために使ってほしいと考えています。相続税を支払った上に、寄付をするのは難しいと感じていましたが、相続財産から寄付した場合にはその分が相続税の課税から除外されるという話を耳にしました。

相続財産を寄付することで行う節税対策

中川さんは父親の遺産のうち、1000万円を認定NPO法人に寄付しました。この寄付した1000万円は相続税の課税対象に含める必要がないため節税することができました。

相続や遺贈により財産を取得した人が、その相続税の申告期限までに、国、地方公共団体及び一定の公益法人等に寄付をした場合には、その寄付をした金額は相続税の課税価格の計

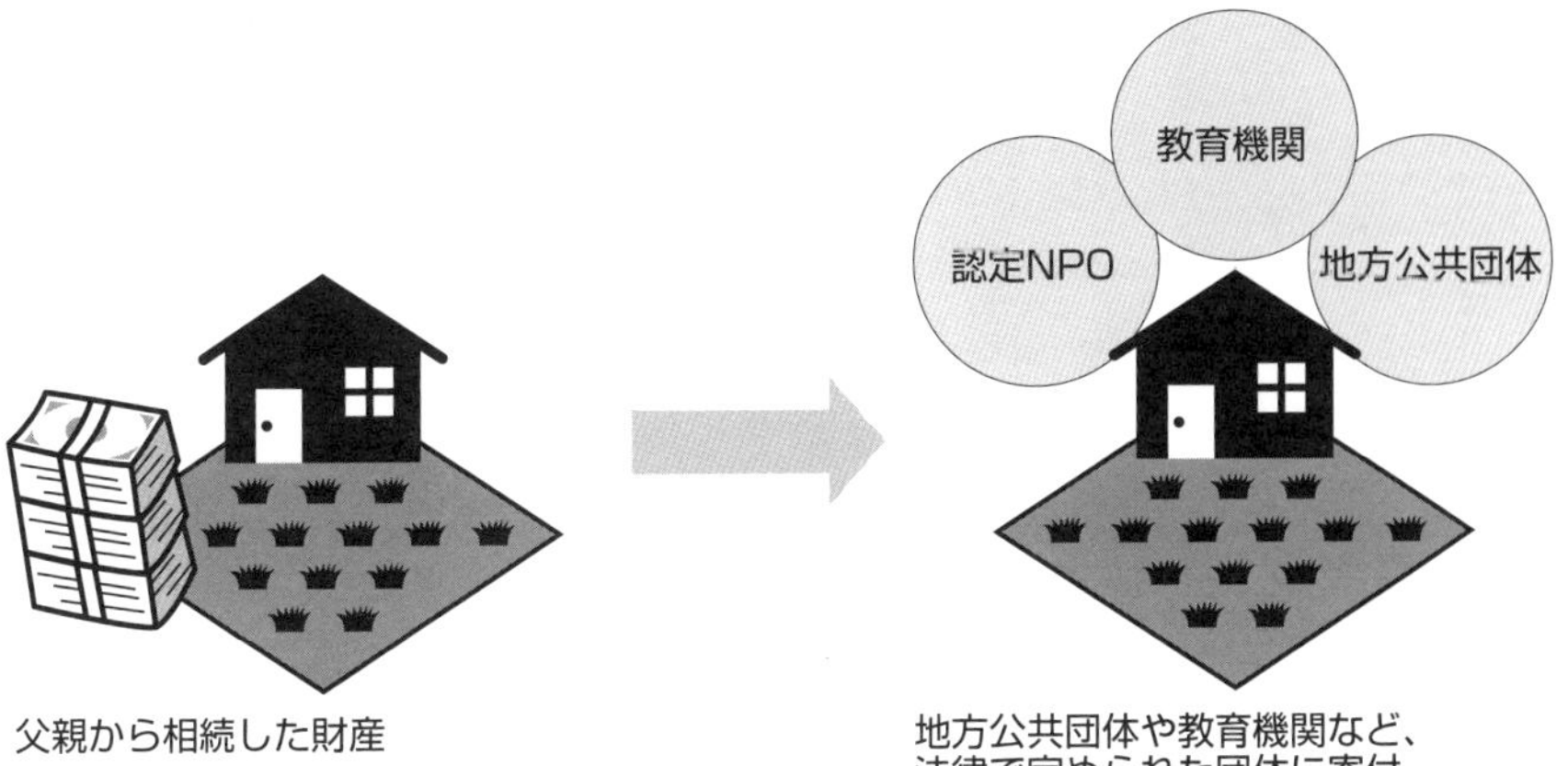
法律で定められた団体に寄付

算対象に含める必要がありません。

全ての寄付が非課税となるわけではない

相続財産を寄付する際は2点注意して下さい。

① **寄付先の確認**

すべての寄付が非課税となるわけではなく、非課税となる寄付先は下記注釈のように法律で限定列挙されます。

② **相続税の負担を不当に減少する結果となる場合**

①の寄付先であれば、すべて非課税となるわけではなく、相続税を負担に減少させるような寄付については非課税とならないため注意が必要です。

こんな人に向いています

・相続財産を特定の目的で有益に使って貰いたい人
・相続財産の一部を社会貢献に使いたい人

●**非課税となる寄付先**
・国や市区町村などの地方公共団体
・財団法人日本ユニセフ協会、日本赤十字社、公益社団法人セーブ・ザ・チルドレン・ジャパン等の公益法人
・小・中・高・大学等の教育機関

15

ケーススタディ

未利用の遊休地に賃貸アパートを建設する

評価額の差がポイント

石井さん（仮名・63歳）は、地方都市の代々続く地主の家系の長男です。数年前に父親から相続財産の大半である複数個所の土地を相続し、苦労して多額の相続税を納めました。しかし土地は複数あるのですが、その大半が未利用の遊休地で収益を生まない状態で放置されています。遊休地は資産を生み出さないにも関わらず、固定資産税だけが毎年かかってしまいます。石井さんはまだまだ元気で、相続が発生するのは大分先のことと考えていますが、自分が経験した相続税の苦労を次の世代には経験させまいと、今の段階から相続税の対策を考えています。

不動産の購入は最も大きな節税対策の一つ

未利用の遊休地に、5000万円の資金を投じて賃貸アパートを建築しました。これにより、建物の相続税評価額が約2100万円にまで下がりました。さらには何も収入を生み出していなかった遊休地から、賃貸アパートを建築したことで賃貸収入が定期的に入るようになり、将来の納税資金準備にも繋がりました。

6-10 賃貸アパートを建てて相続税の評価額を下げる

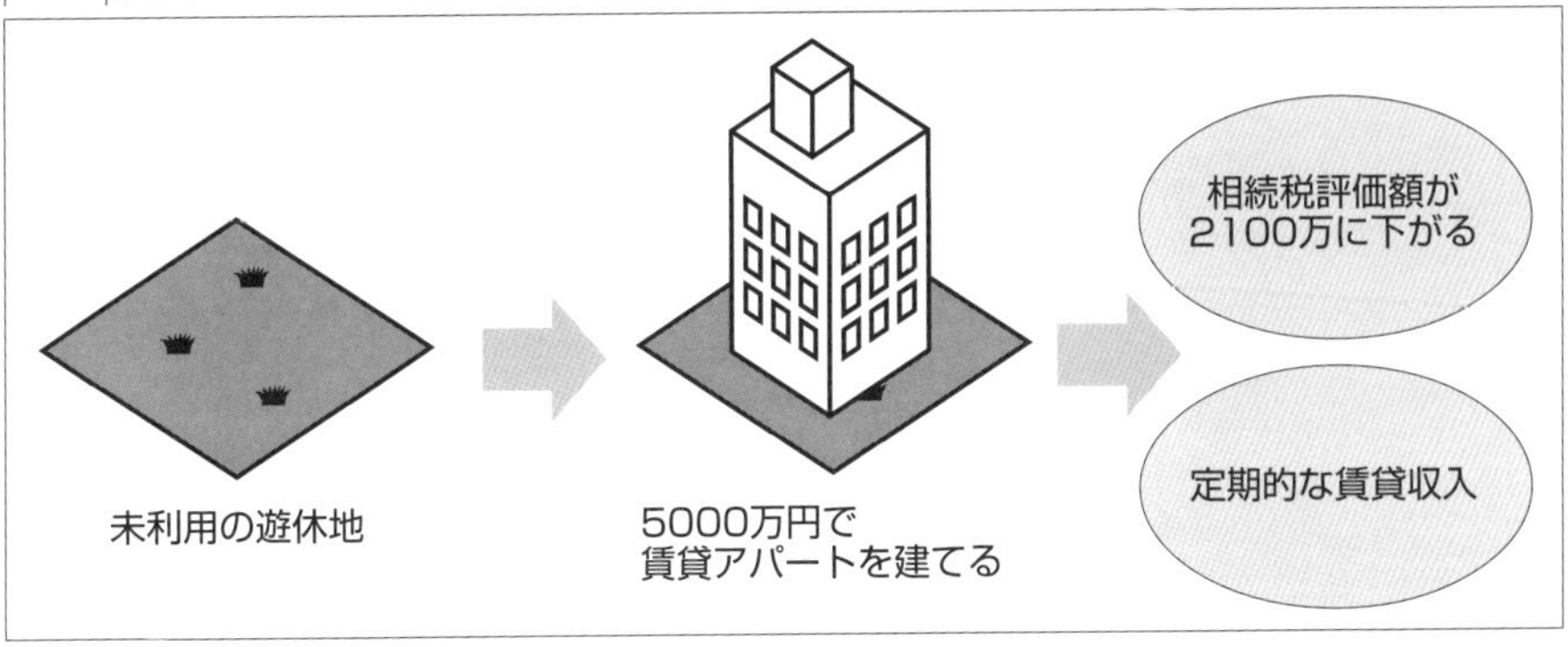

未利用の遊休地
5000万円で
賃貸アパートを建てる
相続税評価額が
2100万に下がる
定期的な賃貸収入

6-11 相続税の土地の評価方法

路線価方式

路線価：33万円×奥行価格補正率：1.00×面積：180㎡＝5940万円

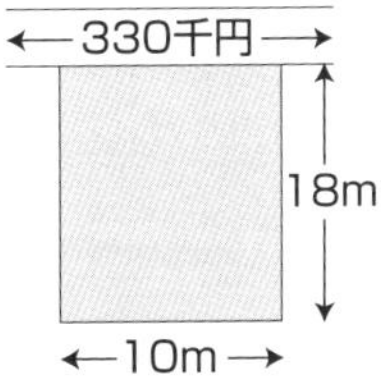

330千円
18m
10m

倍率方式

固定資産税評価額：2000万円×倍率：1.1＝2200万円

国税庁が定めた倍率

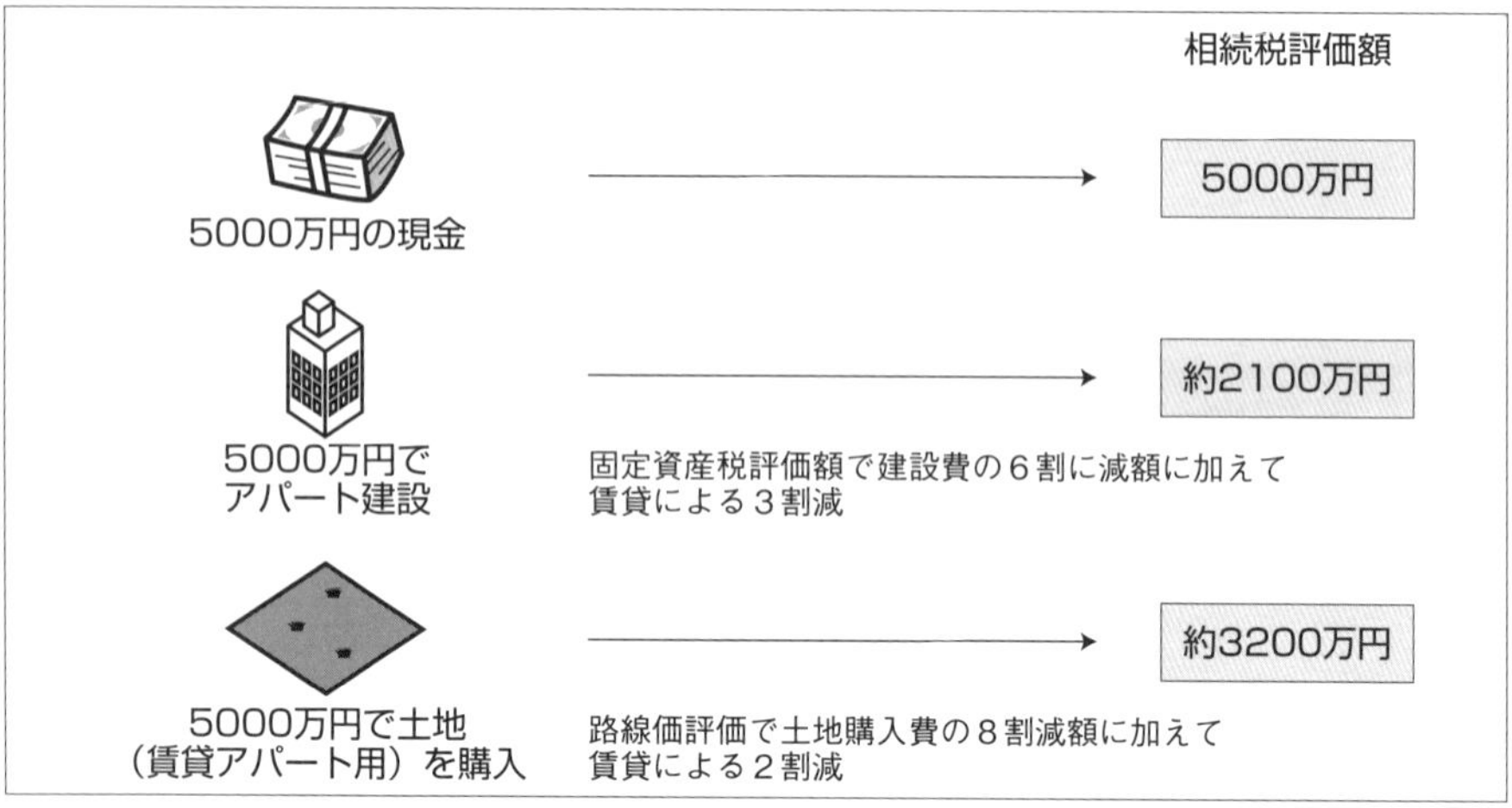

土地と建物の相続税評価

相続税の土地の評価方法は、路線価方式と倍率方式の2つがあります。

【路線価方式】国税庁が定めた1㎡あたりの**路線価**に**地積**をかけて土地の相続税評価額を求める方法です。都市部ではほとんどが路線価方式です。

【倍率方式】固定資産税評価額に国税庁が定めた倍率をかけて土地の相続税評価額を求める方法です。路線価が付されていない土地について使用する方法です。

建物の相続税評価

相続税の建物の評価は、固定資産税評価額（建築額の6割程度）を用います。また建物を第三者に貸している場合には、「貸家」の評価といって、固定資産税評価額からさらに30%評価が減額されます。また、建物だけではなく、土地についても、その貸家が建っている土地は、**貸家**

●**路線価**
国税庁が定めるその道路に面する宅地の１㎡あたりの価格（毎年７月１日に発表される）。

●**地積**
土地の面積

建付地といって20％程度評価が下がります。

節税時のポイント

これらの対策をする際は、次の2点に注意してください。

①　親名義の上に親名義で建築しましょう

建物を建築する際、子供がお金を出し子供名義で行うという選択肢もありますが、親の相続税対策を念頭に置くと、必ず建物は親がお金を出し親名義で建築すべきです。そうすることで、建物の評価減や土地の評価減の節税メリットを享受することができます。

②　建築資金がなくても銀行から「借入」を行って建築してもＯＫです

建物を建てる建築資金が不足している場合や、相続税の納税資金を考え手元に現預金を残しておきたい場合には銀行から借り入れを行い建築しても同様の節税効果が得られます。よく、借入を行うと相続税対策になると勘違いしている方がいますが、借入を行うだけでは節税には一切なりません。借入を行って、その現預金を不動産という資産に変えることで節税につながるのです。

こんな人に向いています

・財産の中に遊休地（未利用地）がある人
・相続税を大きく節税したい人

●**貸家建付地**
所有する土地の上に建築した家屋を他に貸し付けている場合の、その土地のことをいう。自己利用の場合と比べて、土地の相続税評価額が減額される。

ケーススタディ 16

個人所有の賃貸アパートを新規設立の会社に移転する

法人設立がトクかどうか見極めよう

小泉さんの相談と悩み事

小泉さん（仮名・54歳）は複数の収益不動産を所有しており、年間の不動産収入が2000万円ほどあります。不動産を複数保有していますので、もちろん相続税がかかることは確実ですが、それ以上に毎年の不動産所得にかかる所得税を節税したいと考えています。またもう一つの悩みとして、毎年入ってくる不動産収入が今後貯まっていくと、さらに将来相続税が課税されてしまいます。知人が会社形態にして不動産経営を行っているのを知り、小泉さんも会社を設立する方法に興味を持ちました。

「不動産所有会社の設立」を使った節税方法

小泉さんは不動産所有会社を設立し、個人で所有している建物を全て新しく設立した会社に譲渡しました。これにより、今まで個人で受け取っていた不動産収入が全て法人に入ることになりました。個人の所得税・住民税率は15％から所得が増加するにつれて最高で55％と

| 6-13 | 法人設立でこれだけ所得税・住民税が違う

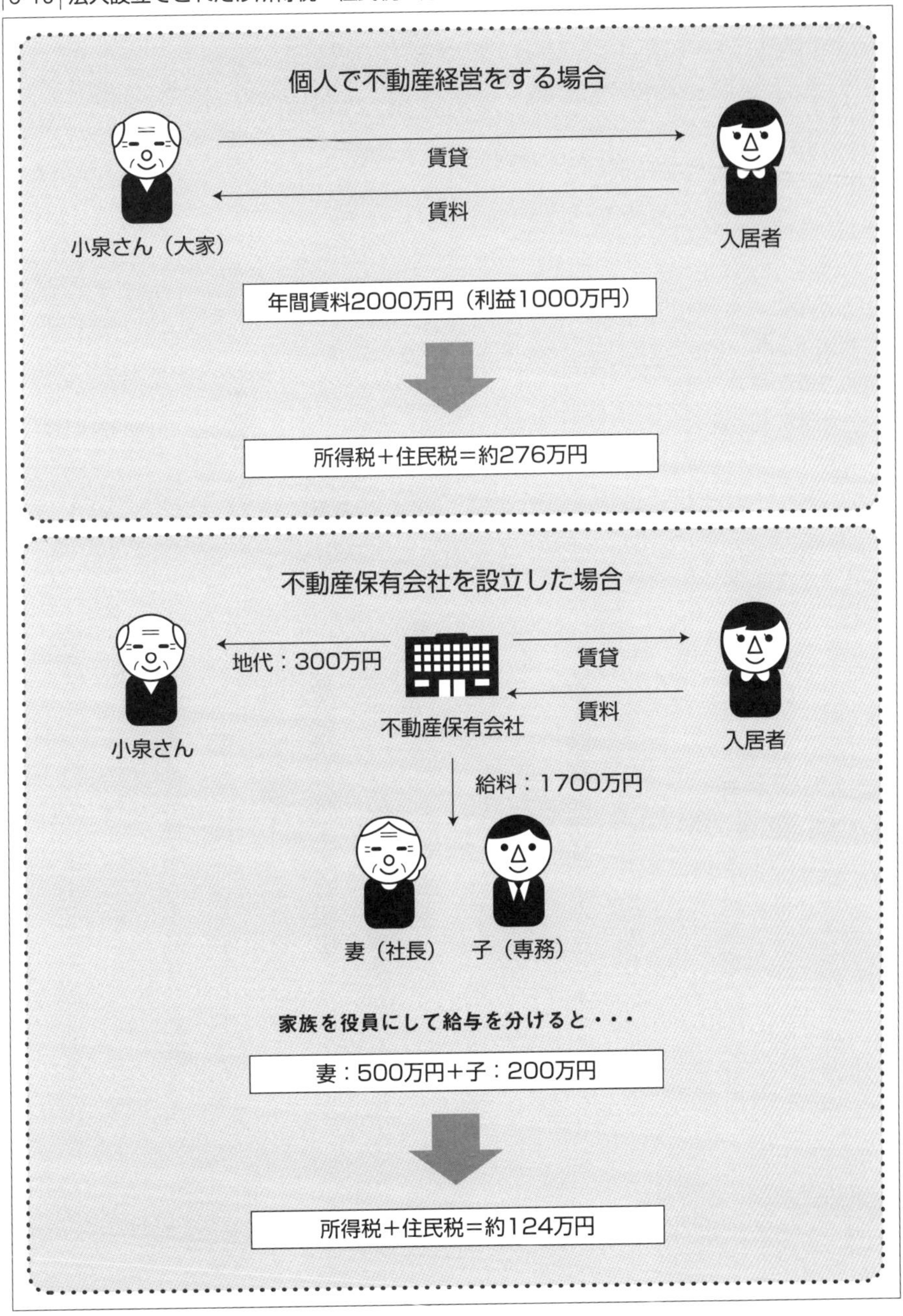

6-14 所得税・住民税と法人税の違い

所得税・住民税

課税所得金額	税率（%）			控除額
	所得税	住民税	合算	合算
195 万円以下	5%	10%	15%	—
195 万円超 330 万円以下	10%	10%	20%	9.75 万円
330 万円超 695 万円以下	20%	10%	30%	42.75 万円
695 万円超 900 万円以下	23%	10%	33%	63.6 万円
900 万円超 1800 万円以下	33%	10%	43%	153.6 万円
1800 万円超	40%	10%	50%	279.6 万円

※平成 27 年以降、課税所得金額 1800 万円超部分は下記の通りになる

1800 万円超 4000 万円以下	40%	10%	50%	279.6 万円
4000 万円超	45%	10%	55%	479.6 万円

法人税

所得金額	400 万円以下	400 万円超 800 万円以下	800 万円超
実効税率	29.33%	30.85%	40.87%

※資本金 1 億円未満の会社の場合

なりますが、法人の場合には30～40%の税率となるため、トータルの税金を節税することができたのです。また新しく設立した法人の社長を、小泉さんの奥さんにし、子供を役員にして給与を支払うことで所得を分散することができました。

所得税と法人税の税率

所得税は、所得が増加するにつれて比例して増加していく累進課税方式です。

法人税は、所得に応じて一定の税率が定まっています。

法人設立を目指すポイント

以上をまとめると、次の2点に集約されます。

①家族を役員にして給与を分散させることで大きく節税

不動産所有型法人設立の対策方法は、収益不動産を所有している人であ

6-15 給与が分散されることで節税される仕組み

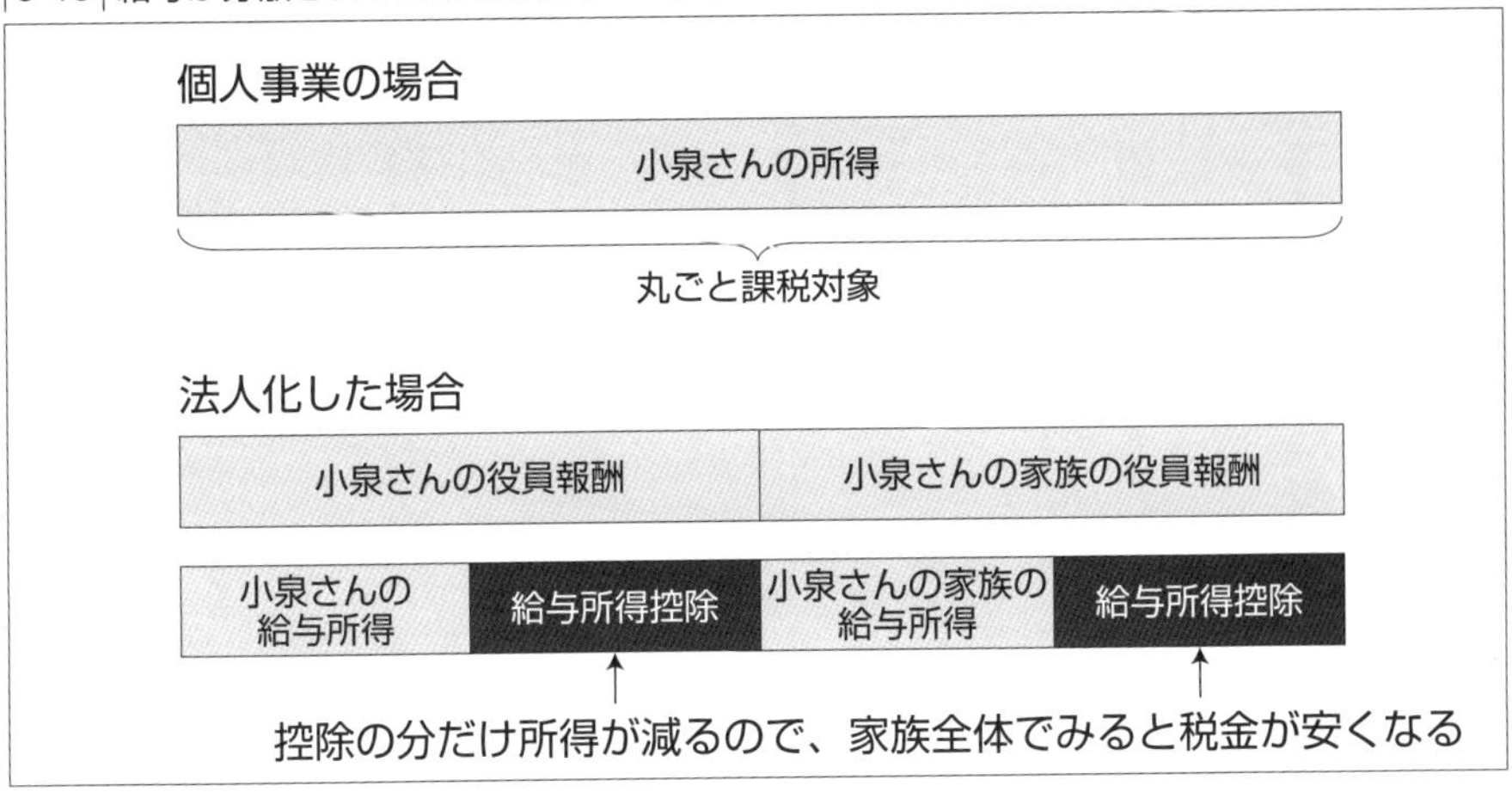

れば、誰がやっても有利になるわけではありません。なぜなら基礎知識にも記載があるように、法人税率＞所得税率の場合には法人にせずに個人事業のままで続けておく方が有利だからです。

② 年間不動産所得（利益）が1000万円以上なら法人設立が有利

この対策実施の有利不利の判定の目安は、年間の不動産事業についての利益の額が1000万円以上あれば、確実に有利になるといえます。なぜなら法人税率が所有税率よりも低くなるためです。

こんな人に向いています

・収益不動産を所有している
・年間の不動産所得（利益）が1000万円以上ある

ケーススタディ

17

特例を適用するために青空駐車場にアスファルトを敷く

不動産貸付業のために使う土地は相続税評価額が減額される

近藤さんの相談と悩み事

近藤さん（仮名・55歳）は一戸建ての自宅に住んでいますが、この他に父親から相続した青空駐車場を所有しています。自宅部分には土地が80％減額される特例が適用されますが、自宅の面積は120㎡程度であり、**小規模宅地等の特例**の限度面積をフル活用できていません。そこで所有している青空駐車場について小規模宅地等の特例を適用できないかと思案していたところ、参加した相続対策セミナーで税理士が「青空駐車場は小規模宅地等の特例が使えないので気を付けて下さい」と話をしていました。近藤さんは駐車場部分にも小規模宅地等の特例を使うことができるのでしょうか？

●**小規模宅地等の特例**
詳細は200ページ参照

貸付事業用宅地の特例を活用した節税方法

貸付事業用宅地の特例は、土地の上に建物または**構築物**（アスファルトか砂利等）が存在していることが条件となるため、青空駐車場のままでは、貸付事業用宅地の特例が適用でき

6-16 アスファルトを舗装して貸付事業用宅地の特例の対象にする

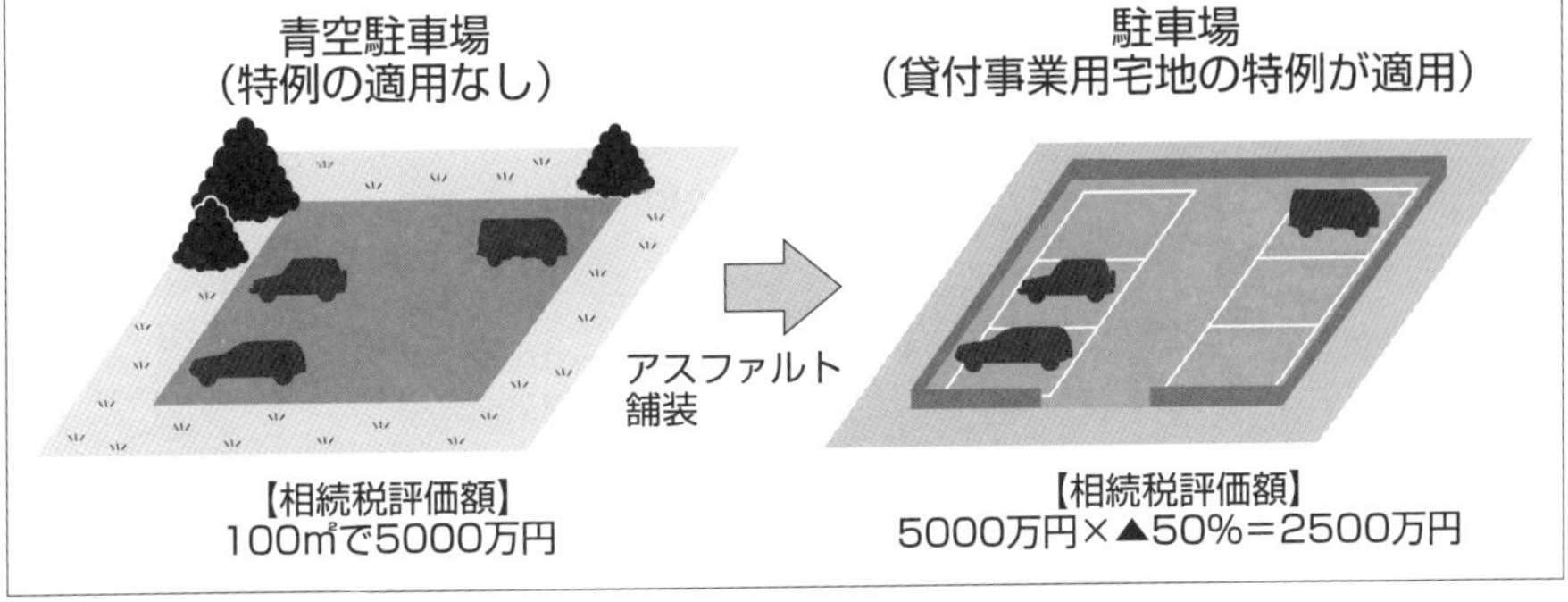

ません。そこで近藤さんは、かねてより駐車場利用者からも要望のあったアスファルト敷きの駐車場に舗装を行いました。税務上、舗装したアスファルトは構築物に該当するため、近藤さんの駐車場は**貸付事業用宅地の特例**の対象となり、相続税評価額が50％減額されました。

小規模宅地等の特例の限度面積とは？

小規模宅地等の特例には、限度面積が定められており、複数の土地を組み合わせて適用することが可能となっています。しかし何カ所も無制限に適用できるわけではありません。

こんな人に向いています

・青空駐車場や更地の遊休地を保有している人
・小規模宅地等の特例が適用できる土地が複数ある人

●貸付事業用宅地の特例
　不動産貸付業（賃貸アパート、駐車場経営等）のために使用されている土地については、200㎡まで50％減額されるという特例です。

18

ケーススタディ

特定事業用宅地の特例で老舗お菓子屋の事業を守る

事業を継続する相続人が相続すると適用される

中尾さんの相談と悩み事

中尾さん（仮名・65歳）は東京都心にある老舗和菓子屋の3代目です。先代が試行錯誤の上で作った秘伝のあんこが入った最中が人気で、世代を超えてお店の味が承継されています。中尾さんはすでに65歳ですが、4代目として長男がお店を継いでくれることが決まっています。しかし中尾さんは相続税で、和菓子屋の土地を手放さなければならないのではないかと心配しています。先祖代々守り続けてきた土地の上で事業を行っていますが、400㎡程の広さの土地の上に和菓子屋の店舗と製造工場が併設されています。この相続税評価額が3億円にもなり、相続税の納税資金の準備が不足している状態です。

「特定事業用宅地の特例」を使った節税方法

中尾さんのように頑張って事業を継続していく人を守るために、相続税法は特定事業用宅地の特例を設けています。中尾さんと中尾さんの長男がこの和菓子屋の事業を継続して守っ

6-17 小規模宅地特例のまとめ

	減率	上限	主な適用要件
自宅の土地 	80%減	330㎡	・配偶者が相続する ・同居している相続人が相続する ・配偶者も同居親族もいない場合で、かつ、相続開始前3年間は賃貸住まいだった場合（通称：家なき子）
	特定居住用		
会社・工場の土地 	80%減	400㎡	・事業を相続税の申告期限までに承継し、かつ、その申告期限までその事業を営んでいること
	特定事業用		
アパート・駐車場の土地 	50%減	200㎡	・被相続人の貸付事業を相続税の申告期限までに承継し、かつ、その申告期限までその貸付事業を行っていること
	貸付事業用		

ていくことによって、400㎡までの事業用宅地が80%も減額されます。このため中尾さんの400㎡で3億円の相続税評価額のある都内の一等地の事業用地は、特例適用により2億4000万円減額され、6000万円程の評価額に留まります。この特例の存在を知った中尾さんは、将来の相続税の不安から解消され、事業に打ち込むことが可能となりました。

小規模宅地等の特例(特定事業用宅地の特例)とは、主に「亡くなった人が事業をしていた土地を、その事業を受け継いで継続する相続人等が相続すると、400㎡まで80%減額となる、非常に評価の減額効果が大きい特例です。

小規模宅地等の特例は、本書籍の中でも度々登場しています（200ページ等参照）。

こんな人に向いています

・所有している土地で事業を行っている人

ケーススタディ 19

土地の分筆で路線価の影響を最小限に抑える

利用する単位を分ければ節税に

清水さんの相談と悩み事

清水さん（仮名・55歳）は商業地の大通り沿いに自宅を所有しています。大通りの**路線価**は高く、自宅の相続税評価額が高くなっているのが一番の悩みです。また清水さんの自宅は、角地であり正面の大通りと、幅員の狭い路地の二方に面しています。相続税評価は土地が面している一番高い路線価を基準に評価しますが、複数の路線に面している角地等の場合にはさらに相続税評価が高くなってしまいます。自宅の広さは300㎡あり、自宅の前の100㎡程の余っているスペースは庭として利用しています。自宅は奥まったところにあり、大通りの路線価で相続税評価額が計算されてしまうと、相続税の負担が大きくなることが予想されるため、清水さんはどうしようかと困っていました。そこに、土地の相続税評価は「利用単位」ごとに行うことを知り、庭として利用している部分を駐車場に変更した方がいい旨のアドバイスを税理士から受けました。

●**路線価**
詳細は210ページ参照

6-18 土地を分筆することで評価減に成功

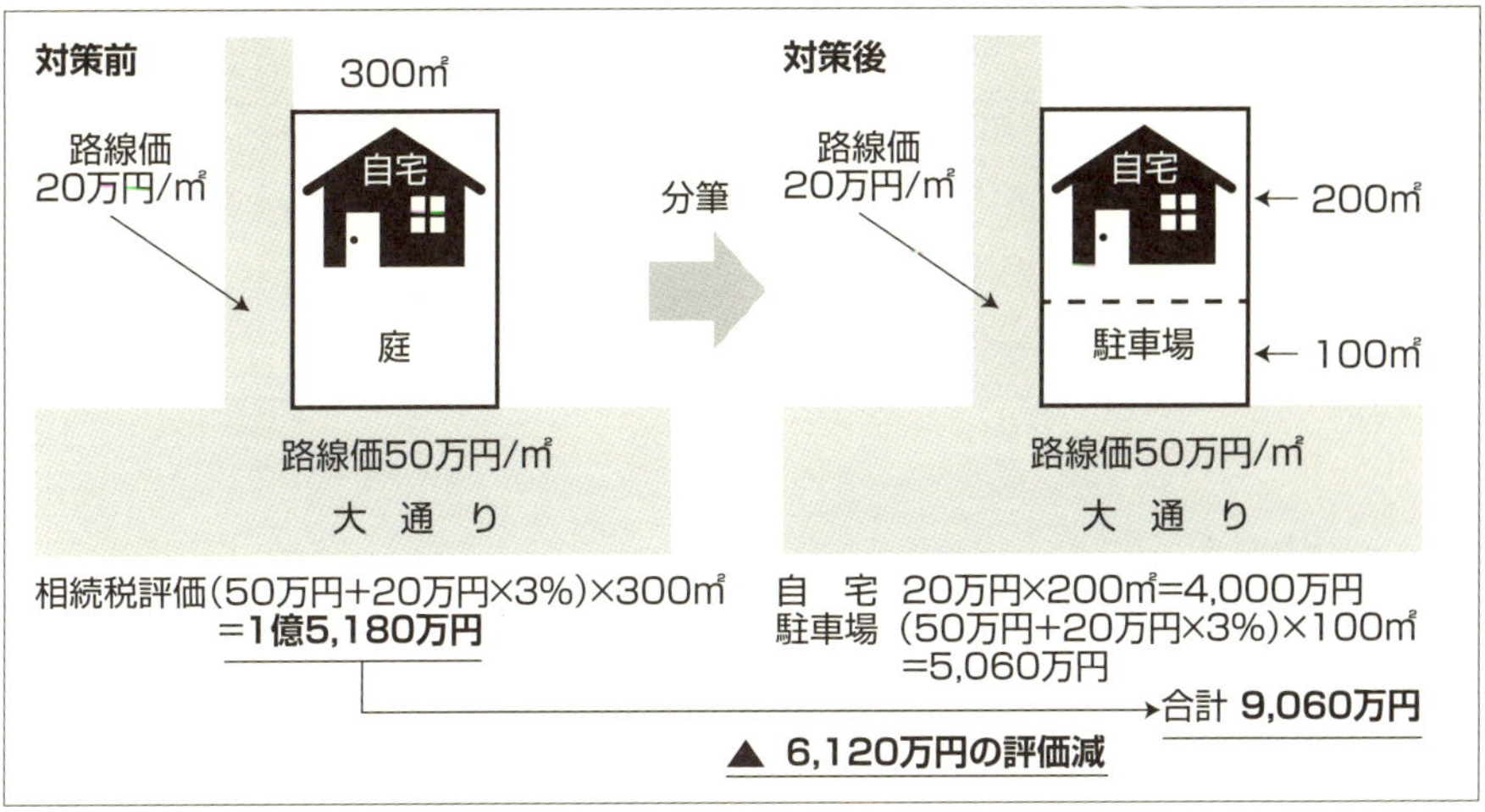

土地の相続税評価は利用単位ごとに行う

清水さんは、土地の相続税評価は「利用区分」に応じて行う点と、その「土地が面している路線価」によって相続税評価を行う点に着目しました。自宅と庭であれば、相続税評価上は一体として評価されるため、庭の部分を貸し駐車場に利用形態を変更し、また評価単位を明確にするため土地を分筆しました。こうすることで、従来は「自宅＋庭」が面していた大通りにつけられている高い路線価で全体を評価しなければいけませんでしたが、利用形態変更後は、駐車場部分は大通り沿いの路線価で評価し、自宅部分は路地についている低い路線価で評価することが可能となりました。

相続税評価の利用単位とは?

相続税の土地評価は、筆数に関係なく、利用単位に応じて行います。例えば自宅・駐車場・賃貸アパート・畑等、それぞれの利用単位に分

6-19 マンションの駐車場を入居者以外にも賃貸すると？

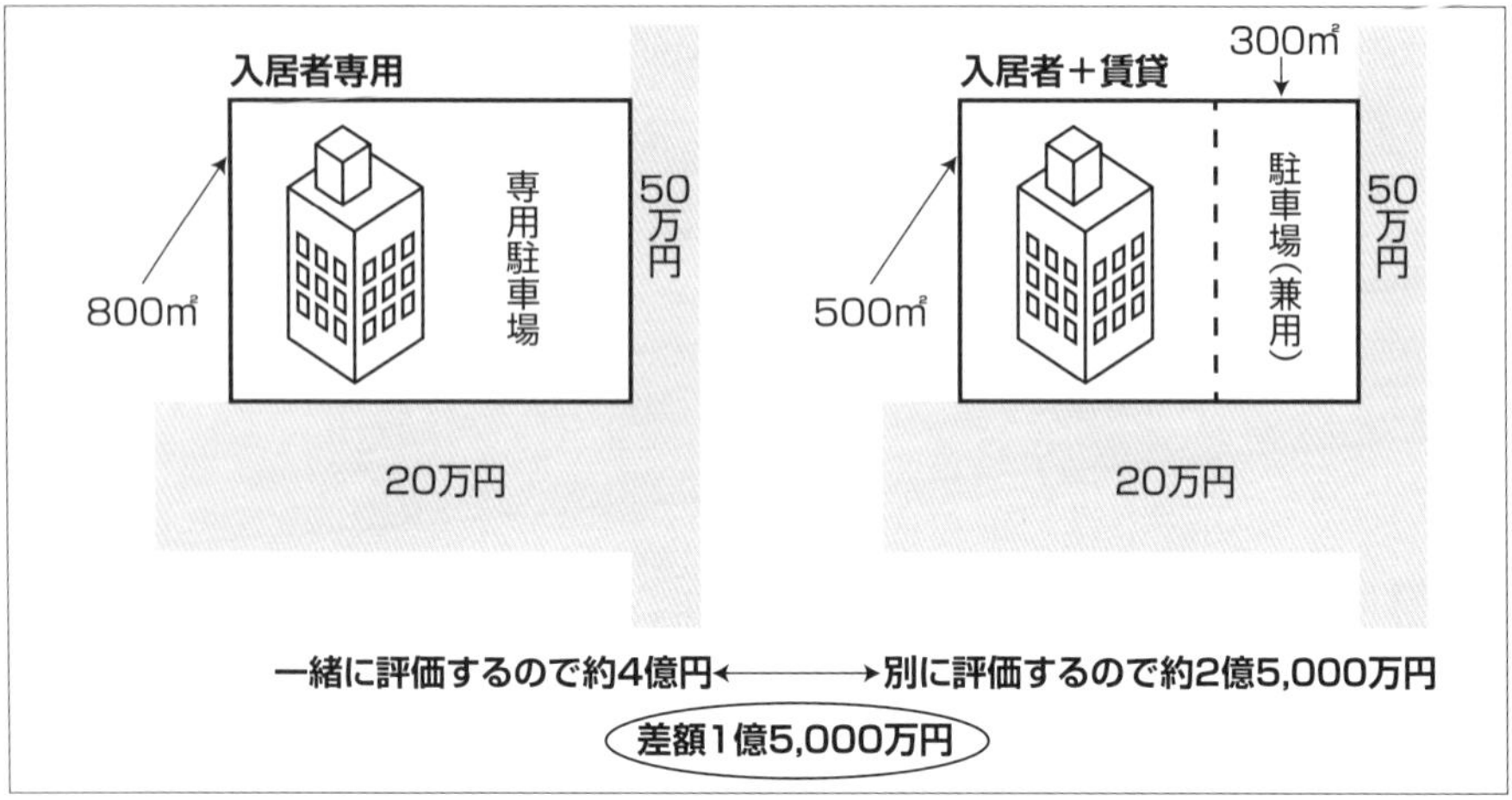

けて相続税評価を行います。

その際のポイントは次の通りです。

① 合理的な利用単位の区分けでなければ、税務署から指摘を受けるリスクがあります。例えば先述の例で、駐車場に区分変更しておきながら、その駐車場スペースが車一台分にも満たない場合等、明らかに不合理な単位変更は認められません。

② 利用単位の概念は、税務上特有の考え方も含むため注意が必要です。例えば、賃貸マンションに併設されている駐車場は、その賃貸マンションの居住者専用の駐車場であれば、賃貸マンションの敷地と合わせて一体評価しますが、居住者以外の第三者にも駐車場を貸している場合には賃貸マンションの敷地と駐車場部分が別評価となる等といった特殊な考え方があります。このため本対策を実行する前には、必ず税理士への事前相談が必要で

しょう。

土地の分筆作業は土地家屋調査士に依頼しよう

このような分筆による対策は気軽に行えるものではなく、土地家屋調査士という資格を有した専門家が、土地の分筆作業を行うことが通常です。土地の分筆にあたっては、土地の境界を明確にして、隣接地の所有者の確認も必要となります。また土地家屋調査士への報酬負担も生じます。しかしながら本項目で解説したような対策が可能な場合、相続税を大きく節税することも可能であるため、分筆による労力や費用をかけたとしても効果があるでしょう。

相続税の土地の評価額は、その土地が接する正面の道路によって大きく異なります。例えば同じような地域にある土地であっても、大きな通りに面している土地と、細い路地を一本入ったところにある土地とを比較すれば、大通り沿いの土地に面した土地の方が価値が高いことは明確です。このため所有している土地が複数の道路に接している時には、どこを正面の路線として評価を行うかで、大きく土地の相続税評価額が異なります。この分筆による対策は、その「正面路線で評価する」という相続税評価の方法を上手く利用した対策となります。

こんな人に向いています

・所有している土地が、複数の道路に面している人

ケーススタディ 20

広大地評価の適用で相続税評価額を大幅に下げる

専門家と相談して広大地かどうか見極めよう

吉村さんの相談と悩み事

吉村さん（仮名・60歳）は東京郊外の地主ですが、500㎡以上の広い土地を複数保有しており、路線価図を眺めながらいつも相続税評価額の高さに頭を悩ませています。このまま相続が発生すると、多額の相続税を納税するための資金が足りず、土地をかなり手放さなければならないと覚悟しています。そんな中、「500㎡以上の広い土地であれば、相続税評価額が半額以下になる」と近所で最近相続が発生した地主が話をしていたのを思い出し、吉村さんの所有土地にも適用でないかと考えました。

面積基準は三大都市圏とそれ以外で違いがある

相続税の減額がある広大地に該当すると、相続税評価額が約40%～65%評価減されます。この広大地の面積基準は、「三大都市圏では500㎡以上」、「それ以外の地域では1000㎡以上」の土地が広大地の対象となります。しかし面積だけが広ければ無条件に適用できる

6-20 広大地の相続税評価額を算出する方法

広大地でない場合
10万円（路線価）×1000㎡（地積）＝1億円

広大地の場合
10万円（路線価）×1000㎡（地積）×0.55＝5500万円

4500万円の評価減!

6-21 広大地評価の方法

土地が面する路線価 × 広大地補正率 × 地積
＝ 広大地の価額

広大地補正率

$$0.6 - 0.05 \times \frac{\text{広大地の地積}}{1000\text{㎡}}$$

参考：広大地補正率の例

地積	広大地補正率
1000㎡	0.55
2000㎡	0.50
3000㎡	0.40
4000㎡	0.40
5000㎡	0.35

6-22 広大地を評価するフローチャート

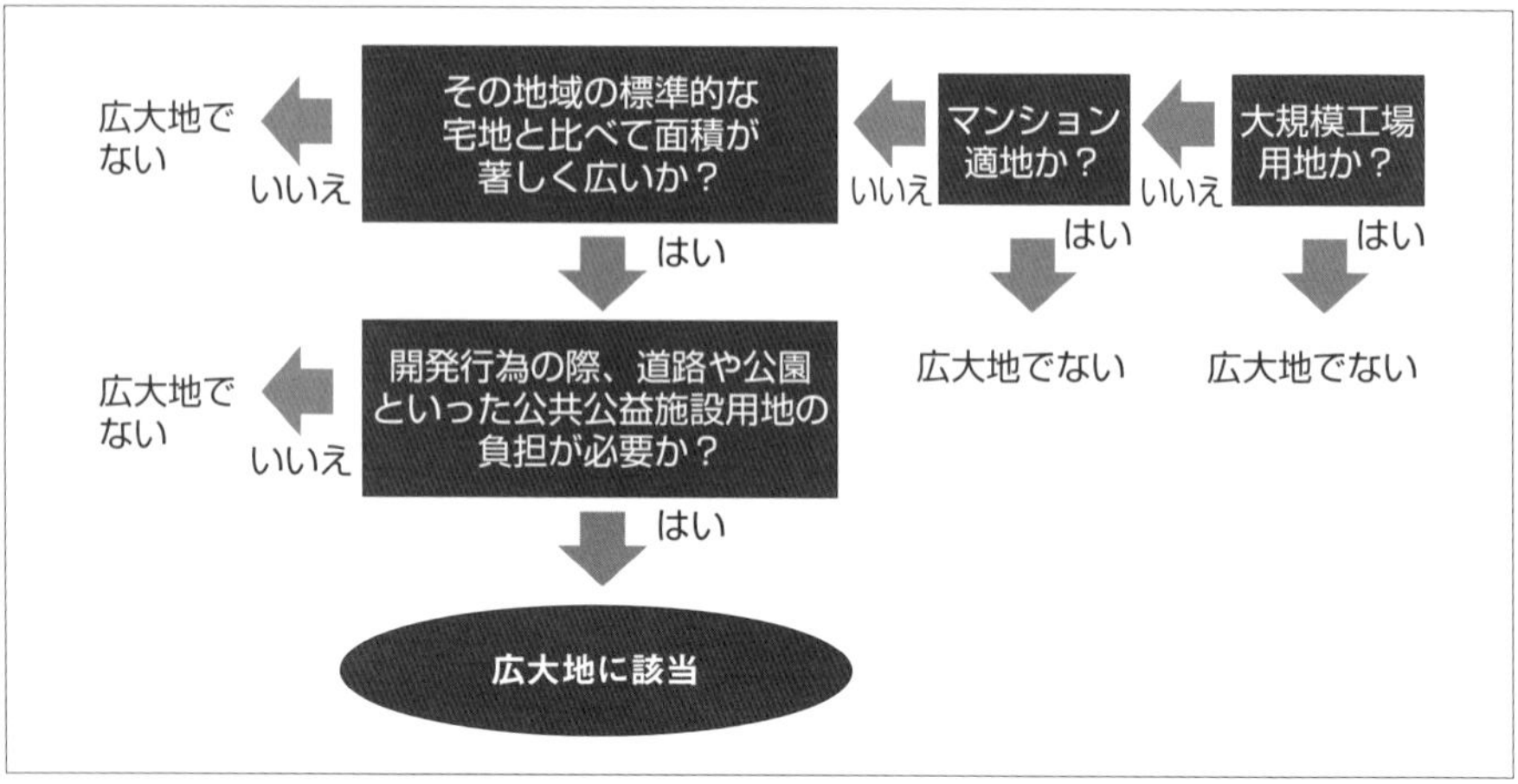
大規模工場用地か？
はい
広大地でない
いいえ
マンション適地か？
はい
広大地でない
いいえ
その地域の標準的な宅地と比べて面積が著しく広いか？
いいえ
広大地でない
はい
開発行為の際、道路や公園といった公共公益施設用地の負担が必要か？
いいえ
広大地でない
はい
広大地に該当

わけではなく、様々な要件をクリアして初めて適用することが可能となります。

吉村さんは、相続が発生する前に相続税専門の税理士事務所に相談に行き、結果として5か所あった500㎡以上の土地の内、4か所でこの広大地評価が適用できることが判明しました。吉村さんが土地の面積に路線価を掛けて計算していた相続税評価額と比べて、大幅に相続税評価額が下がり、相続税が大きく節税されることが分かって一安心しました。

広大地を評価するポイント

計算方法は簡単な広大地評価ですが、広大地に該当するかどうかの判断は非常に高度な専門性が要求されます。この広大地評価の適用を受けるためには、複数の税務上の要件をクリアしなければならないためです。フローチャート等で解説しますが、実際に保有されている土地について広大地評価の適用が受けられるかどうか

6-23　同じ 1000㎡の土地でも広大地になるかは違う

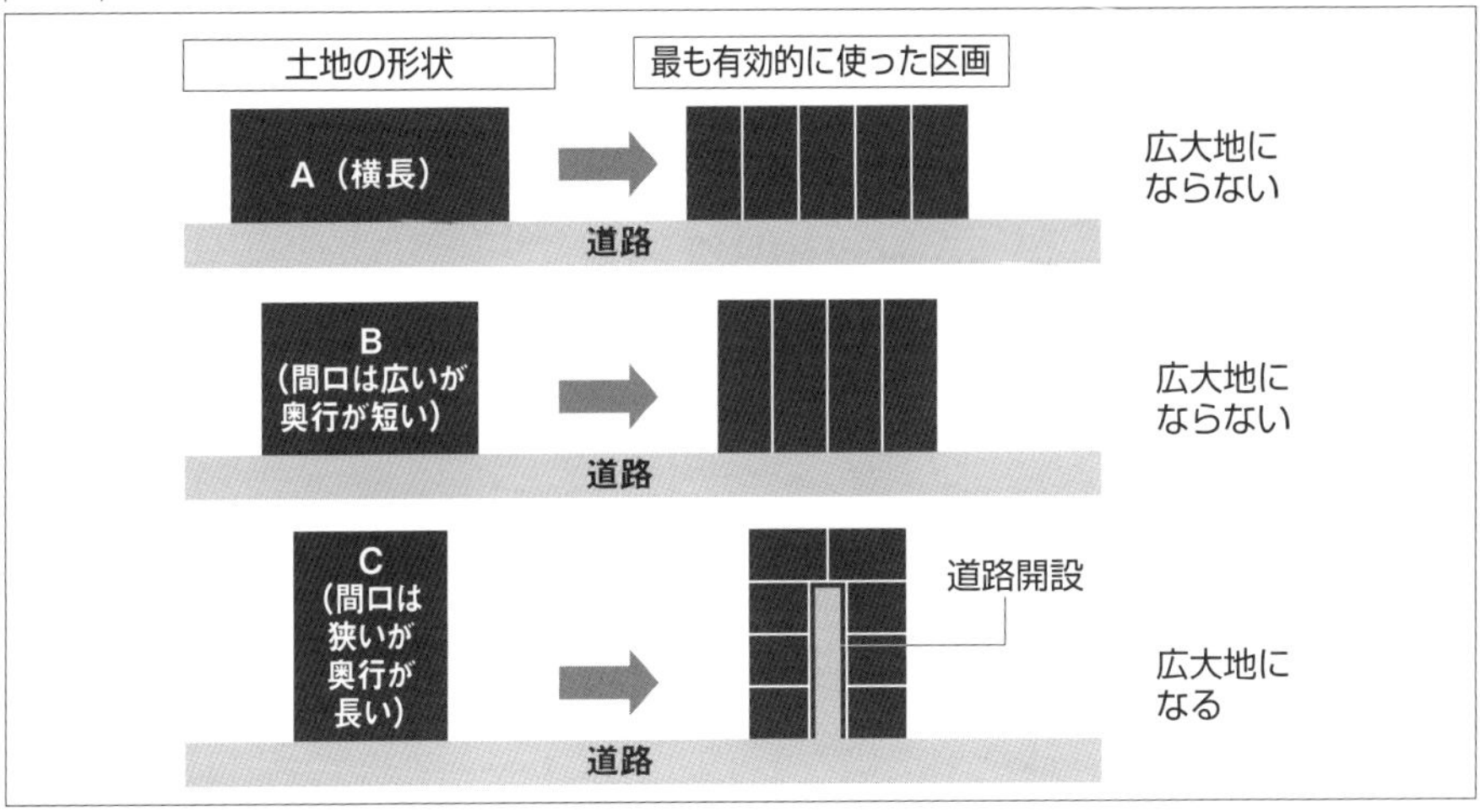

については、相続税専門の税理士や不動産鑑定士といった専門家に相談する必要があるでしょう。

大きく分けて4つの要件をクリアすることで、広大地評価を行うことが可能となります。

① 大規模工場用地について

5万㎡以上の工場用地に該当する土地です。該当する方が少ないため、あまり重要となる要件ではありません。

② マンション適地か？

広大地評価の特例は広すぎる土地を持っている場合、処分する際や売却の際に不都合があるということで評価減できるというのが趣旨ですので、そもそも広い土地であっても、マンションを建築して利用することが最も有効な活用方法である場合には広大地に該当しなくなります。実務上は容積率300％以上であれば、マンション適地と判断されることが多いですが、最終的には周囲の状況からマンション適地なのか、戸建分譲適地なのかを判断する必要があります。

③　その地域の標準的な宅地の面積と比べて著しく広大か？

広い土地であっても、周囲も同じように広い土地ばかりである場合には、広大地評価による減額を受けることができません。この面積には次のような目安となる基準が定められています。

○　三大都市圏…500㎡
○　それ以外の地域…1000㎡

④　開発行為を行うとした場合、一定の公共公益的施設の負担が必要か？

この4つ目の要件が、実務上はよく問題となります。この要件を簡単に解説すると、仮にその土地を戸建分譲業者が買うとしたら、道路や公園等の公共施設を作る必要があるかということです。例えば、間口が狭く、奥行きが長い土地では、戸建住宅を複数建築するとなると、奥の家に通じる道路を開設する必要があります。これが公共的施設の負担に該当します。つまり、戸建分譲する場合に土地を無駄なく使える場合には価値が下がらないため、広大地評価による減額を受けることができなくなってしまいます。

こんな人に向いています

・500㎡（1000㎡）以上の広い土地を保有している人

column

奥さんが1億6000万円を相続するのは不利!?

相続税を計算する上で忘れてはならない特例が、配偶者の税額軽減です。1億6000万円もしくは、法定相続分のどちらか高い方までの財産を配偶者が相続しても相続税が非課税となる非常に大きな節税効果のある特例です。例えば夫が亡くなって、1億6000万円の財産があったとします。それを妻が全て相続すると、相続税がゼロ円となります。そうすると、この特例を最大限に活用することが有利に思えますが、この特例には落とし穴があります。

　というのは、税務署サイドの考えとしては、夫婦が2人とも亡くなって子供が相続する時に、しっかり相続税を払ってもらうので夫婦間の相続では相続税を支払わなくても大丈夫だという思惑があるためです。

　例えば次の2つのケースを想定してみます。

【ケース1】

　1億円の財産を遺して夫が亡くなり、妻と子2人が法定相続人であったとします。この時、夫が亡くなった一次相続で妻が1億円全ての財産を相続した場合の相続税はゼロ円です。そしてその後、二次相続が発生すると、子2人が負担する相続税は770万円となります。

1次相続：0円
2次相続：770万円
1次と2次の合計：770万円

【ケース2】

　一次相続の時点で妻が5000万円、子2人がそれぞれ2500万円ずつ相続したとすると、一次相続での相続税額は315万円、二次相続での相続税額は80万円となり合計395万円となります。

1次相続：315万円
2次相続：80万円
1次と2次の合計：395万円

　このように、夫が亡くなった後、配偶者がすべて財産を相続することは、長期的にみると節税にならない可能性が大きいことが分かります。

押さえておきたい「家なき子特例」

小規模宅地等の特例とは、被相続人（亡くなった人）が住んでいたり、事業を行っていた宅地について、相続税の評価額を80％または50％減額できるものであり、相続税の各種特例の中でも大きな節税効果があるものの1つです。

大きな減額がある理由は、自宅の敷地や店舗・会社の敷地、賃貸不動産の敷地等は、遺族が相続後に生活基盤を維持する上で必要不可欠なので、こういった土地は守ろうという配慮があるからです。

同居していなくても特例が適用されるケースも

その小規模宅地等の特例の中でも、上手く活用したいのが、通称「家なき子特例」といわれるものです。

小規模宅地等の特例は、「同居」していなければ適用できないと誤解している人も多いのですが、実際には同居していなくても適用を受けられるケースがあります。それは通称「家なき子」と呼ばれているものですが、主な要件は次の通りシンプルです。

①相続人の配偶者や同居していた親族がいないこと
②相続開始前3年以内に日本国内にある自己又は自己の配偶者の所有する家屋に居住したことがないこと

例えば、母はすでに亡くなっていて、父が東京の自宅で死亡、相続人は長男である子1人であるが、長男は仕事の関係で大阪で結婚し、ここ3年間は「賃貸」マンションに部屋を借りていて住んでいたとします。この場合、前述の①②の要件を全て満たすため、父と同居していなかったとしても、自宅について特例の適用を受けることが可能となります。

つまり、相続が発生する前3年間の期間に、自分と配偶者が所有する家に住んだことがない場合には、持ち家がないので、親が住んでいた自宅に今後居住する可能性があり、特例の適用が認められるのです。

column

名義預金と生前贈与に要注意!!

相続税の税務調査では、実質的な財産の所有者が被相続人である名義財産や、生前贈与について指摘をされることが非常に多いです。

なぜ税務署は、このような事実を認識できるのでしょうか。それは税務署側で独自に、被相続人名義の財産のみならず、相続人や親族名義の財産についても、銀行や証券会社に照会をかけて残高及び財産の異動履歴を調べるため、相続税申告書への記載漏れがあるとすぐに分かってしまうためです。

税務署には分かるはずがないと思っていても、このように金融機関への名寄せをして照会できるため、隠すことは難しいのです。

（名義財産の一例）

- 会社経営者の夫の相続財産としての預金が1億円、専業主婦の妻の預金が2億円ある。
- 10年以上前に子供名義で預金を開設したが、入出金や通帳・印鑑の管理は被相続人が行っていた。

（生前贈与の一例）

- 相続開始直前に当座のお金のために、多額の預金をATMで出金していた。
- 相続開始前3年内に生前贈与を行っていた。

申告をしないとペナルティが

税務調査が入り、税務署から指摘を受けた場合に、追加で余分な税金を払わなくてはいけません。ペナルティには、延滞税、過少申告加算税、重加算税などがあり、また、悪質な場合には、場合によって罰金や懲役刑になる場合もあります。

また、「配偶者の名義預金について家事労働に対する収入とは考えられないのか？」と思う人もいるかもしれませんが、税務上の考えとしては認められないことになっています。ただ、その代わりに、相続税法には配偶者控除と呼ばれる特例があります。これは、相続財産を配偶者が取得した場合には1億6000万円（もしくは法定相続分）までは、税金がかからない特例です。

おわりに

本書では、相続の基礎知識から具体的な対策までご紹介しましたが、お役に立ちましたでしょうか。私たちの事務所は日本では珍しい、相続税を専門に取り扱う税理士法人であり、日々、相続でお困りのお客様が相談にいらっしゃいます。相続は、一生に一度経験するかしないかのことであり、円満に相続を終えるためには、相続に強い専門家の力が必要となります。相続において、遺す人、遺される人、それぞれの方にとっての想いは共通です。

「円満に相続を終えたい」

そのためには、相続についての前提知識や対策、専門家の助言が不可欠です。私たちが税理士法人チェスターを開業したきっかけは、相続に強い専門家が少ないにも関わらず、相続で困っている人たちが大勢いらっしゃることでした。そうであれば、私たちが本当にお客様に安心してご相談頂ける事務所をつくろうと思いました。

円満に相続を終えるために必要なことは、そんなに難しいものではありません。それは、遺す人が生きている時に、しっかりと相続に備えて準備をすることです。私たちは相続の現場をこれまで何百件と見てきました。そして、もう少し早くに対策をしていればと悔しい気持ちになることも少なくありませんでした。

相続対策は細かいテクニックまで合わせるとたくさんありますが、ご家庭ごとに必要な対策というのはそこまで多くありません。本書では相続の基礎知識をある程度、網羅していますので、基本知識を学んでいただき、その後でご自身のケースにあてはめて具体的な対策を実行して頂ければと思います。

平成27年1月1日以降、相続税が大改正され、相続税を支払う人たちが従来から倍増すると見込まれています。相続税という税金は法人税や所得税と異なり、対策によって節税がしやすい税金です。だからこそ早めの対策着手と専門家の助言が重要となります。私たちのお客様でも、早くからの相続税対策の実行によって何千万円という相続税を節税された方も珍しくありません。大切なことは「いかに早く」から対策に着手できるかによります。

これまで多くのお客様の相続相談に対応してきましたが、「相続」というのは「死」を連想するものであることもあり、事前準備を敬遠される方が多いように思われます。しかし相続が発生する日は事前に分かるものではありません。まだ元気だから大丈夫、来年に遺言を書こう、あと5年後から生前贈与をして節税していこう、そうして実際の「行動」を後回しにするうちに、相続を迎えてしまうことが多いのです。しかしながら相続について腰が重くなるお気持ちも十分に分かります。まだ先の相続に向けて、今すぐに行動を起こすために必要なことは、「問題点」の認識です。

縁起でもありませんが、今日もし突然、相続が発生してしまっても円満相続への備えは万全という方は多くはないでしょう。相続に対する重い腰をあげるためには、自分の相続の問題点を認識することが一番です。もし自分に万が一のことがあったら、どういう問題が起きる可能性があるだろうということを考えると、自然と問題に取り組む意識が芽生えるはずです。

また実際に相続が起きた後に手続きを円滑に進めるための準備も必要です。司法書士や税理士が相続手続きについては、主な担い手となりますが、士業にも専門分野があり、相続手続きや相続税申告に強い専門家を選定することが重要です。特に相続税申告については、税理士の得手不得手による差が大きく影響し、実際に納める相続税額が何百万円、何千万円と変わることも珍しくありません。専門家を選定する際には、実績や専門性をよく検討してから依頼することが必要です。

相続は一生にそう何度も経験するものではありません。何か相続についてお困りのことがありましたら、お気軽にご相談下さい。

税理士法人チェスター

本書内容に関するお問い合わせについて

このたびは翔泳社の書籍をお買い上げいただき、誠にありがとうございます。弊社では、読者の皆様からのお問い合わせに適切に対応させていただくため、以下のガイドラインへのご協力をお願い致しております。下記項目をお読みいただき、手順に従ってお問い合わせください。

●ご質問される前に

弊社 Web サイトの「正誤表」をご参照ください。これまでに判明した正誤や追加情報を掲載しています。

正誤表　　http://www.shoeisha.co.jp/book/errata/

●ご質問方法

弊社 Web サイトの「刊行物 Q&A」をご利用ください。

刊行物 Q&A　http://www.shoeisha.co.jp/book/qa/

インターネットをご利用でない場合は、FAX または郵便にて、下記“翔泳社 愛読者サービスセンター”までお問い合わせください。電話でのご質問は、お受けしておりません。

●郵便物送付先および FAX 番号

送付先住所　〒 160-0006　東京都新宿区舟町 5

FAX 番号　03-5362-3818

宛先　（株）翔泳社 愛読者サービスセンター

●回答について

回答は、ご質問いただいた手段によってご返事申し上げます。ご質問の内容によっては、回答に数日ないしはそれ以上の期間を要する場合があります。

●ご質問に際してのご注意

本書の対象を越えるもの、記述個所を特定されないもの、また読者固有の環境に起因するご質問等にはお答えできませんので、予めご了承ください。

著者紹介

税理士法人チェスター

相続税申告を専門に取り扱う税理士法人で、扱う案件は年間200件以上、累計で1000件を超える税理士業界トップクラスの実績がある。相続税の節税や、揉めないための相続の生前対策、遺言の作成、相続関連セミナー等、相続に関する相談に幅広く対応。低価格（1案件20万円～）で、スピーディー（最短1カ月）に質の高い相続税申告を行うスタイルは、業界でも定評あり。ネット上でも「税理士法人チェスター」のほか、「相続税還付.jp」などを運営、幅広く活動している。代表者は、福留正明（公認会計士・税理士・行政書士）荒巻善宏（公認会計士・税理士・行政書士）

税理士法人チェスター http://chester-tax.com/
相続税還付.jp http://souzokuzei-kanpu.jp/
Email:info@chester-tax.com

STAFF

カバー／本文デザイン	河南祐介
カバー／本文イラスト	野田節美
本文DTP	株式会社イーフィールド
編集	昆清徳（株式会社翔泳社）

ど素人《しろうと》がよくわかる相続《そうぞく》の本《ほん》

2014年8月7日　初版第1刷発行

著者	税理士法人チェスター
発行人	佐々木幹夫
発行所	株式会社翔泳社（http://www.shoeisha.co.jp/）
印刷・製本	株式会社シナノ

ISBN978-4-7981-3744-5　Printed in Japan